KLEINE RÄUME – VIELE MÖGLICHKEITEN

*) Tageslicht optimal nutzen (S.34)
*) Lieber einfache Vorhänge als aufwendige (S.36)
*) Mit Bildern lässt sich ein Raum weiten. (S.91)
REGENWOLKEN
*) Mit den Proportionen des Raumes arbeiten (S.57)
*) Besser mehrere kleine Lichtquellen als eine große (S.37)
*) Farben gezielt einsetzen (S.45)
*) Auf multifunktionale Möbel setzen – z.B. ein Schlafsofa (S.70)

KLEINE RÄUME

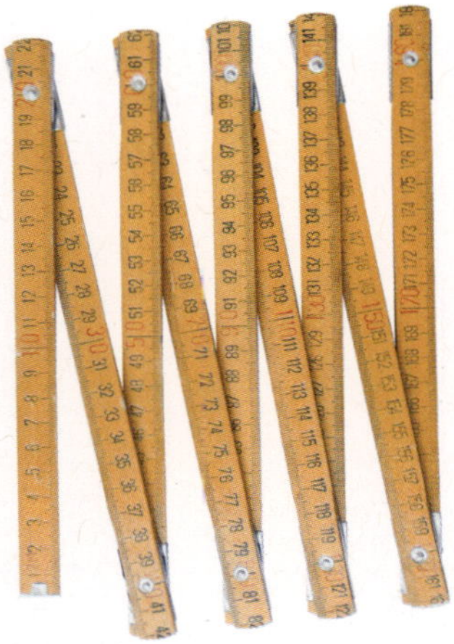

VIELE MÖGLICHKEITEN

TOLLE IDEEN FÜR PLATZSPARENDES WOHNEN

Stiftung Warentest

CHRISTIAN EIGNER

Inhalt

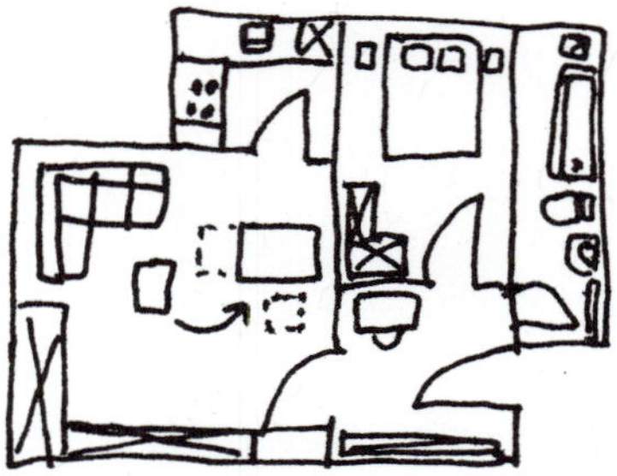

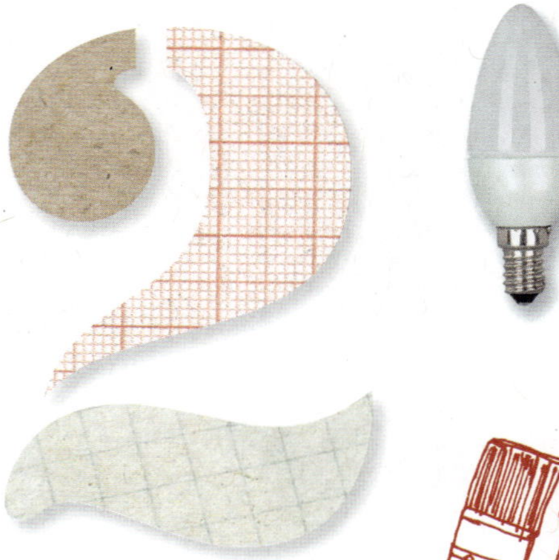

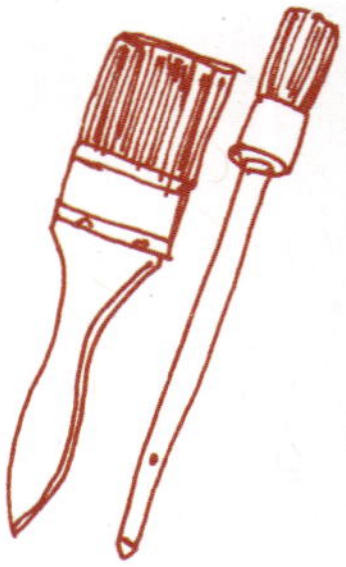

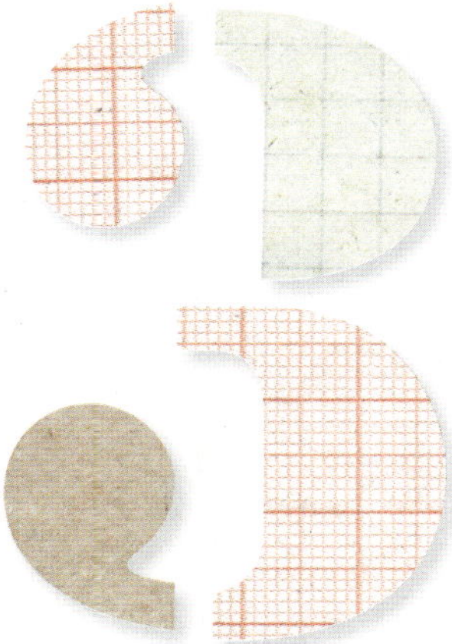

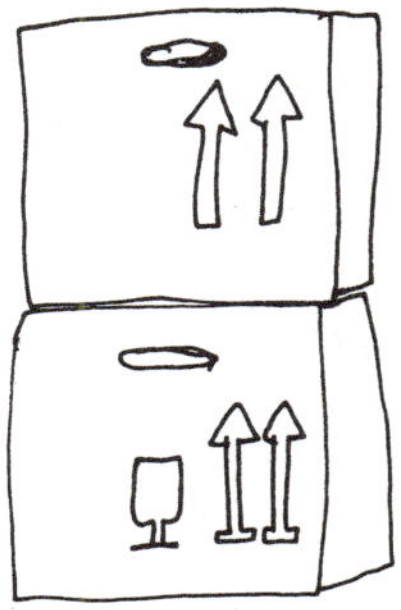

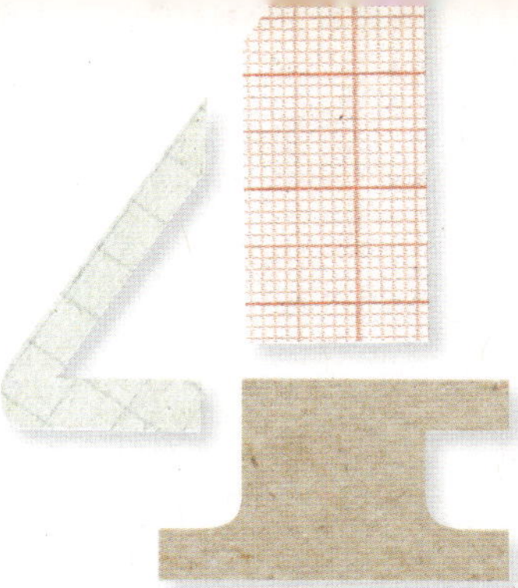

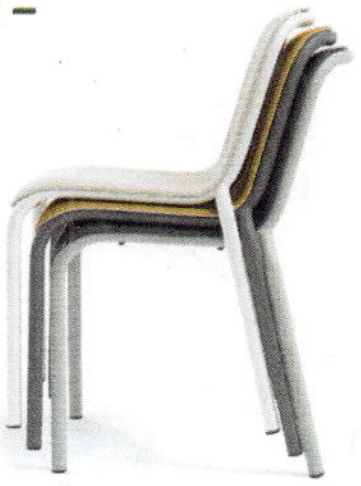

KÜCHE

BAD

DARK
LIGH
COLOR

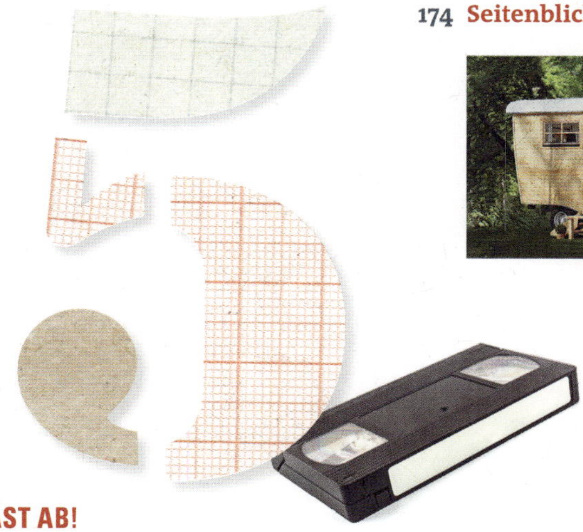

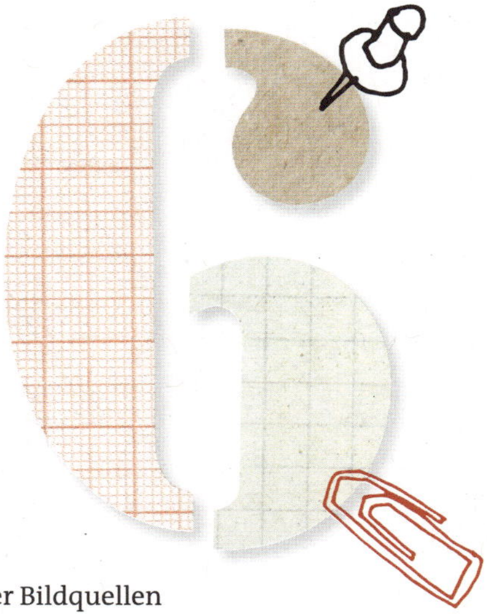

Liebe Leserin, lieber Leser

»Raum ist in der kleinsten Hütte, für ein glücklich liebend' Paar«, dichtete Friedrich Schiller vor über 200 Jahren. Seine Verse spiegeln den romantischen Geist seiner Zeit wider. Auf uns Heutige wirken sie eher weltfremd. Kleinste Hütte? Liebend' Paar? Vielen reichen ja nicht einmal die 45 Quadratmeter, die jeder Deutsche laut Statistik für sich allein zur Verfügung hat.

Trotz dieser beeindruckenden Pro-Kopf-Fläche ist es vielen zu eng in den eigenen vier Wänden. Das liegt zum einen an der Statistik: Genauso wie es Menschen gibt, die mehr Platz zur Verfügung haben als der Durchschnitt, müssen andere mit deutlich weniger auskommen. Gerade in Großstädten und Ballungsräumen haben Kaufpreise und Mieten inzwischen ein Niveau erreicht, das Kompromisse in Sachen Wohnungsgröße erfordert.

Andere wiederum verzichten ganz bewusst auf eine allzu üppige Wohnfläche. Sei es, dass Singles oder junge Pärchen die meiste Zeit außer Haus verbringen und nur einen Platz zum Schlafen brauchen. Sei es, dass eine Familie ein Townhouse auf kleinem Grundriss, dafür aber in zentraler Lage bewohnt – oder dass ein älteres Paar sein Eigenheim gegen eine kleinere Wohnung eintauscht.

Und dann gibt es unzählige Wohnungen, die gar nicht klein sind, sondern nur so wirken. Entweder sind sie mit Möbeln überfrachtet, in dunklen Farben gehalten oder hoffnungslos zugestellt mit all den kleinen Dingen, die sich nun mal im Lauf der Zeit ansammeln.

Ganz ohne Zweifel haben die meisten Wohnungen Potenzial. Ausschöpfen müssen es aber ihre Bewohner. Das funktioniert meist ohne jeglichen Umbau. Der erste Schritt besteht darin, eigene Bedürfnisse sowie Wünsche für die Zukunft zu formulieren und sich dabei auch zu trauen, Gewohntes in Frage zu stellen. Anschließend gilt es, die Sache anzupacken.

Die Frage ist – wie? Sich neue Möbel zu kaufen, ist eine Möglichkeit, aber nicht die einzige. Auch kleinere Schritte lohnen sich: Bereits gründliches Ausmisten und Aufräumen wirkt oft wahre Wunder. Sie werden sehen, wie viel Platz Sie gewinnen – und wie gut sich das anfühlt! Verblüffende Effekte lassen sich erzielen, indem Sie Einrichtungsstücke neu arrangieren.

Lebenseinstellung, Stilempfinden und persönlichen Geschmack können Sie auch auf begrenztem Raum zum Ausdruck bringen. Ob Möbel, Accessoires oder Teppiche: Wählen Sie Farben, Materialien und Texturen bewusst aus und setzen Sie sie in Szene. Dabei ist auch der Griff in die optische Trickkiste erlaubt.

Sie werden sehen: Den ersten Schritten folgen viele weitere. Schon mit überschaubarem Aufwand kann Ihre »kleine Hütte« ganz groß rauskommen. Dafür liefert Ihnen dieses Buch jede Menge Ideen.

3
4
CE
M+
M–
50

DENKEN SIE IHR LEBEN NEU! ANALYSIEREN UND PLANEN

Passt Ihre Wohnung zu Ihnen und Ihrem Leben? Stimmt die Raumaufteilung, reicht der Platz, fühlen Sie sich wohl? Falls nicht oder nur so lala, sollten Sie der Sache auf den Grund gehen und ein paar Dinge verändern. Die Mühe lohnt sich – denn so erobern Sie sich Ihr Zuhause ganz neu.

Wünsche ans Wohnen – Analysieren und planen

Zuerst ist es nur ein diffuser Eindruck: Sie fühlen sich nicht wohl in Ihrer Wohnung. Zu viele Sachen, zu wenig Platz – alles wirkt vollgestellt, eng und unpraktisch. Die gute Nachricht: Alles lässt sich ändern. Fragen Sie sich doch mal, ob Ihre Wohnung noch zu Ihrem Leben passt und was Sie ändern wollen. Keine Angst vor Maximalforderungen – die Realität holt Sie noch früh genug ein!

WO STEHE ICH UND WOHIN GEHT DIE REISE?

Als Erstes nehmen Sie Ihre aktuelle Lebenssituation unter die Lupe. Sind Sie Single oder leben Sie in einer Partnerschaft? Haben Sie Kinder? Leben Sie in einer Wohngemeinschaft oder mit einem älteren Familienmitglied zusammen? Aus diesen Vorüberlegungen ergibt sich, ob Sie nur auf Ihre eigenen Bedürfnisse achten oder sich mit anderen Personen abstimmen müssen. Letzteres bringt fast zwangsläufig Kompromisse mit sich – kann aber auch sehr anregend sein.

Meine Wohnung und ich

- Welche Funktionen soll meine Wohnung in erster Linie erfüllen (z. B. Schlafplatz, Arbeitsplatz, Rückzugsort oder Lebensmittelpunkt)?
- Besitzt die Wohnung einen eher offenen Grundriss oder hat sie verschiedene Räume bzw. liegt sie auf mehreren Etagen?
- Was wird sich an meiner Lebenssituation in den nächsten zehn Jahren ändern? Ziehe ich mit jemandem zusammen? Sind Kinder geplant oder ziehen meine Kinder aus? Gehe ich in Rente?
- Überwiegen die Vorteile der Wohnung oder wäre ein Umzug die bessere Alternative?
- Habe ich ein grundsätzliches Platzproblem oder nur in einzelnen Zimmern?
- Was stört mich konkret (z. B. zu viele und zu große Möbel, zu wenig Stauraum)?
- Was will ich verändern?
- Wen muss ich einbeziehen, wenn es um Veränderungen geht?
- Welchen Einrichtungsstil bevorzuge ich (siehe »Einrichtungsstile« ab Seite 18)?
- Welcher Wohntyp bin ich am ehesten (siehe Stichwort »Wohntypen«, Seite 17)?

Inneneinrichter und Wohnpsychologen wissen, dass Frauen sich meist viel mehr um die Gestaltung der Wohnung kümmern als Männer. Das beginnt bei einem möglichst einheitlichen Einrichtungsstil (zum Beispiel Klassisch, Landhaus oder Ethno) und geht bis zur Leidenschaft fürs Dekorieren. Für Männer steht dagegen oft die Funktion im Vordergrund – oder bestimmte Statussymbole wie Designermöbel und Kunstwerke. Teilen sich Mann und Frau eine Wohnung, stehen sie vor der Aufgabe, sich auf ein gemeinsames Vorgehen zu einigen – es sei denn, ein Partner lässt dem anderen freie Hand. Wer sich wem wie weit anpasst, ist letztlich eine Frage des Typs.

WIE SIEHT MEIN TAG AUS?

Zweiter Punkt: Ihr Lebensstil. Kommen Sie abends spät nach Hause und sinken müde ins Bett – oder halten Sie sich auch tagsüber in der Wohnung auf, etwa um am Schreibtisch zu arbeiten oder sich um die Kinder zu kümmern? Gehen Sie in Ihrer Freizeit gerne aus oder sind Sie mehr der häusliche Typ? Treiben Sie in der Wohnung Sport? Kochen Sie regelmäßig? Gönnen Sie sich gerne mal ein ausgedehntes Bad oder sitzen Sie eher vor Ihrem Fernseher und drehen dazu die Heimkinoanlage auf? Denken Sie in Ruhe darüber nach, welche Hobbys Sie haben, was Ihnen im Leben wichtig ist und welche Rolle Ihre Wohnung dabei spielt.

Menschen, die auch tagsüber zu Hause sind, neigen dazu ihre Wohnung vollzustopfen: Hier noch ein Tischchen, da ein Accessoire – von Zeitungsstapeln und Kleiderhaufen ganz zu schweigen. Wer sich einen Arbeitsraum einrichtet, steht vor der Aufgabe, alle benötigten Materialien und Geräte griffbereit zu haben ohne in Papierbergen zu ersticken. Und dann sollen sich Möbel und Technik ja auch noch ins Raumkonzept einfügen.

ZU HAUSE ODER UNTERWEGS?

Ist man allein für alles verantwortlich, mag eine gewisse (Nach-)Lässigkeit noch angehen. Leben aber zwei oder mehr Menschen auf relativ engem Raum zusammen – womöglich sogar den ganzen Tag – heißt es sich abzusprechen und Prioritäten zu setzen. Will man sich nicht gegenseitig auf den Füßen stehen, muss jeder ein Eckchen haben, in dem er ungestört arbeiten, relaxen oder seinen Hobbys nachgehen kann.

Im Gegensatz dazu dominiert in Wohnungen von Menschen, die tagsüber unterwegs sind, häufig die praktische Sachlichkeit. Abends heißt es, schnell noch eine Mahlzeit zu sich zu nehmen – dafür brauchen die meisten keinen riesigen Esstisch. Eine schmale Küchentheke tut's auch. Dekoration? Keine Zeit.

Wer oft Gäste hat, wird sich überlegen, wie er sie gebührend empfängt. Das beginnt schon mit der Gestaltung des Eingangsbereichs. Als geselliges Zentrum kann ein ausklappbarer oder ausziehbarer Esstisch dienen – aber auch eine gemütliche Sofaecke. Sind Übernachtungsgäste irgendwann abgereist, sollten sich das Gästebett möglichst wieder zum Sofa umbauen, der Tisch verkleinern und zusätzliche Sitzgelegenheiten platzsparend verstauen lassen.

Ansprüche an Funktionalität und Zweckmäßigkeit

Wie wollen Sie wohnen? Was muss Ihre Wohnung »können«? Machen Sie sich eine Liste der Tätigkeiten, die Sie zu Hause erledigen. Orientierung bieten die klassischen Wohnfunktionen – also all jene Tätigkeiten, die Wohnungen gemeinhin ermöglichen. Die Frage ist weniger, welche davon für Sie in Frage kommen, als vielmehr, welchen Stellenwert sie in Ihrem Leben einnehmen.

Fest steht: Jede Wohnung muss mehrere Bereiche beherbergen. Diese Bereiche müssen nicht strikt voneinander getrennt sein – geschweige denn auf eigene Zimmer verteilt. Sie können ineinander übergehen, sich überlappen oder auch mit mehreren Tätigkeiten belegt sein. Hauptsache, sie sind funktionell angeordnet und nicht beliebig über die Wohnung verstreut.

Stichwort: Wohnfunktionen

- **Schlafen** Sein müdes Haupt betten muss jeder, doch nicht für jeden spielt die Schlafstätte dieselbe Rolle. Während einer gern ganze Tage im Bett verbringt, dort isst, liest und fernsieht, beschränken andere den Aufenthalt ausschließlich auf die Schlafenszeit.
- **Körperpflege** Ein Bad ist ein Bad. Oder doch eine Wellness-Oase? Ein Duschtempel? Wenn sich auch an der Größe nichts ändern lässt – für Farbgebung und Ausstattung gilt das in aller Regel nicht.
- **Kochen** Während einer oft und gerne kocht, viel Platz für Geschirr, Besteck und Vorräte braucht, wärmt sich ein anderer Fertiggerichte auf oder schiebt sich eine Pizza in den Ofen. Entsprechend unterschiedlich können – und sollten – Küchen aussehen.
- **Essen** Allein, zu zweit, mit Kindern oder Gästen? Ausgiebig oder zwischen Tür und Angel? Von der Beantwortung dieser Fragen hängen unter anderem Größe und Lage des Esstischs sowie die Anzahl der Stühle ab.
- **Hausarbeit** Wie sieht es aus mit Stellplätzen für Waschmaschine, Wäschetrockner und Geschirrspüler? Gibt es genügend Stauraum zum Aufbewahren von Putzgeräten, Putzmitteln und Bügelutensilien?
- **Aufbewahrung** Ob Bücher, Schallplatten oder Fotoalben – alles braucht Platz. Nicht immer muss es die wuchtige Wohnwand sein. Versuchen Sie zum Beispiel, Ecken und Nischen ausfindig zu machen, in denen Sie zusätzlichen Stauraum schaffen können.
- **Unterhaltung** Sechs Heimkino-Lautsprecher im Zimmer verteilt? Fünf Meter Videokassetten im Regal? Da stoßen nicht nur kleine Wohnungen an Grenzen. Doch für alles gibt es Lösungen – von der Kompaktanlage bis zum raumsparenden Home Server.
- **Arbeit** Nicht immer muss es gleich ein separates Arbeitszimmer sein. Schreibtischarbeitern genügen eine Ablage für den Laptop, etwas Stauraum für Unterlagen und eine gute Leuchte. Und das lässt sich meist auch in kleinen Wohnungen organisieren.
- **Präsentieren** Ob Porzellan-Service, Designer-Sessel oder Musiksammlung – wer etwas zu zeigen hat, will es bestmöglich in Szene setzen.

WOHNBEREICHE DEFINIEREN

Im Gegensatz zu traditionellen Konzepten fallen Wohnbereiche heute immer seltener mit bestimmten Zimmern zusammen. Das ist auch gar nicht nötig. Überlegen Sie sich nur, wie viele Stunden am Tag ein Schlafzimmer leer steht, das ausschließlich zum Schlafen genutzt wird. Und wie altertümlich und überholt uns heute die Idee der »guten Stube« vorkommt, die man früher nur sonntags oder mit Gästen nutzte.

Wer mit dem vorhandenen Platz geizen muss, kann sich Verschwendung kaum leisten. Stellen Sie also Weisheiten aus Omas Zeiten auf den Prüfstand – und denken Sie neu: Essen können Sie auch im Wohnzimmer, arbeiten auch im Schlafzimmer. Wer nur einen einzigen Raum zur Verfügung hat, muss darin ohnehin alles Mögliche erledigen. Das heißt aber keineswegs, dass alles planlos geschieht: Gerade Ein-Zimmer-Apartments und kleine Lofts sind ein gefundenes Fressen für Leute mit Fantasie, Ordnungssinn und hohen Ansprüchen.

Die Herausforderung besteht letztlich darin, aus der eigenen Wohnung das Optimum herauszuholen. Legen Sie deshalb zunächst fest, welche Wohnfunktionen/Bereiche Sie benötigen und wie wichtig sie Ihnen sind.

Bedeutung der Wohnfunktionen / Bereiche, die Sie benötigen:

(1 = unwichtig ... 10 = sehr wichtig)

- Schlafen ○○○○○○○○○○
- Körperpflege ○○○○○○○○○○
- Kochen ○○○○○○○○○○
- Essen ○○○○○○○○○○
- Hausarbeit ○○○○○○○○○○
- Aufbewahrung ○○○○○○○○○○
- Unterhaltung ○○○○○○○○○○
- Arbeiten ○○○○○○○○○○
- Präsentation ○○○○○○○○○○
- ... ○○○○○○○○○○
- ... ○○○○○○○○○○

Sicherheit und Wohlfühlen: unsere Wohnbedürfnisse

Anschließend wenden Sie sich erneut sich selbst zu. Ihre Wohnung soll ja nicht nur sinnvoll aufgeteilt und die Bereiche zweckmäßig angeordnet sein: Sie selbst sollen sich hier wohlfühlen! Für das Einrichten einer Wohnung gibt es kein Patentrezept – hier entscheidet Ihr persönlicher Geschmack. Jeder Mensch hat eigene Bedürfnisse und fühlt sich in einer bestimmten Umgebung besonders wohl. Während etwa kräftige Farben auf den einen belebend wirken, schüchtern sie andere ein. Anders formuliert: Wie eine Wohnung eingerichtet ist, verrät eine Menge über ihre(n) Bewohner.

Stichwort: Wohntypen

Der Wohnpsychologe Uwe Linke geht davon aus, dass Menschen ihre Wohnung so einrichten, dass sie sich in ihr sicher fühlen. Die Sicherheitskonzepte seien individuell, ließen sich aber den vier Grundtypen zuordnen, die der Psychologe Fritz Riemann in seinem Standardwerk »Grundformen der Angst« beschrieben hat. Das kann sehr hilfreich sein, um einer Wohnung den persönlichen Stempel aufzudrücken.

- **Der Nähetyp** Für diesen Wohntyp stehen Beziehungen zur Familie, zu Freunden und Kollegen im Vordergrund. Er ist sehr gefühlsbetont und mag es verlässlich und gemütlich. Dies erreicht der Nähetyp mit weichen Stoffen und warmen Farben. Möbel sind bei ihm eher massiv als filigran. Der Nähetyp hat oft auch das Bedürfnis, seine Fenster mit Gardinen zu verhüllen, um so die Verbindung zur Außenwelt einzuschränken.
- **Der Distanztyp** Für den Distanztyp ist es nicht so wichtig, was die Umwelt denkt. Er kreist eher um seine eigene Achse oder tut zumindest so. Als Material bevorzugt er etwa Leder – vorzugsweise in Schwarz oder Weiß. Er liebt klare Linien und Formen, besitzt oft viele Bücher und stellt gern »Trophäen« seines Lebens zur Schau. Die Fenster lässt der Distanztyp gern frei – wenn jemand hineinschaut, macht ihm das nichts aus.
- **Der Dauertyp** Hier stehen das Bewährte, Verlässliche und Dauerhafte im Vordergrund. Der Dauertyp bevorzugt bodenständige, stabile und qualitativ hochwertige Einrichtungsgegenstände und hat oft ein Faible für Antiquitäten. Extravagantes Design oder reine Gebrauchstauglichkeit sind dagegen nicht sein Stil. Er scheut Veränderungen und will sich nicht permanent an neue Gegebenheiten anpassen müssen.
- **Der Veränderer** Eher trendig und modern sieht das Zuhause des Veränderers aus. Stillstand ist für ihn Rückschritt. Er geht gern mit der Mode und liebt das Ungewöhnliche. Regelmäßiges Umräumen gehört für ihn zum Leben, immer neue Hingucker garantieren ihm die Aufmerksamkeit seiner Umwelt. Kurzum: Nur keine Langeweile aufkommen lassen!

Klassisch Diesen Stil prägen zeitloses Design, edle Materialien und harmonierende Farben. Klassische Möbel und Antiquitäten wirken perfekt in Altbauten mit hohen Decken und Fenstern, aufwendigen Gardinen und Vorhängen sowie Stuck und Parkettböden.

Rustikal Rustikale Vollholzmöbel, Gardinen und Kissen mit Karo-Muster, Accessoires aus Naturmaterialien und die Kontraste von massiven Möbelstücken und verspielten Accessoires machen den rustikalen Alpenstil zu einer Alternative für alle, die es gemütlich mögen.

Shabby Chic Das Kombinieren von Erb- und Fundstücken mit neuen Möbeln und Accessoires sowie der Charme des Unvollkommenen und der Reiz einfacher Wohnlandschaften kennzeichnen den Stil des Shabby Chic. Blickfang sind oft ungewöhnliche Einzelstücke.

Kolonial Der Kolonialstil stammt aus der Epoche der Seefahrer, die Schätze aus fernen Ländern mitbrachten. Materialien wie Rattan, Bambus, Mahagoni- und Nussbaumholz werden mit gemusterten Stoffen und Porzellan kombiniert. Warme Farben dominieren. Akzente setzen Accessoires aus Messing, Bronze und Silber – außerdem hölzerne Figuren und Masken.

Maritim Inspirationen sind Strandhäuser und kleine Hotels am Meer. Kennzeichen sind etwa weiße Wandpaneele, Segelschiffe auf Fenstersimsen, Treibholz, Muscheln sowie Schiffsutensilien als Dekoobjekte.

Landhaus Die Einrichtung orientiert sich an natürlichen Farben und Materialien. Das Mobiliar ist schlicht und funktional. Textilien und Tapeten haben florale Elemente, kombiniert mit Karos. Die Farbpalette reicht von Sand, Erdbraun und Moosgrün bis Schiefer mit Farbtupfern in Kirschrot, Zitronengelb und Apfelgrün. An den Wänden finden sich Lehmputz, Wischtechniken oder Holz, auf dem Boden Dielen oder Natursteinplatten.

Mediterran Den Mittelmeerstil prägen Terrakottafliesen, rustikales Parkett sowie weiße oder beigefarbene Wände. Dazu passen schlichte, aber elegante Möbel aus dunklen oder naturbelassenen Hölzern sowie cremefarbene oder gemusterte Stoffe. Perfekte Accessoires sind Kerzenleuchter, mit Landschaften oder Früchten bemaltes Steingut, Krüge aus Ton und geflochtene Truhen.

Asiatisch Weiße oder cremefarbene Wände sowie dunkle Möbel aus edlen Hölzern kennzeichnen diesen Stil. Buddhafiguren, Holztruhen oder bemaltes Porzellan setzen Akzente. Geschnitzte Kästchen mit Intarsien harmonieren mit Korbtruhen und Kissen aus indischer Seide. Als Sitzgelegenheit dienen Futons oder Matten. Paravents aus Reispapier teilen bei Bedarf den Raum.

Englisch Lederne Sofas, ein Ohrensessel, ein Sekretär sind »very british« – wenn sie aus exotischen Hölzern bestehen, interessante Maserungen aufweisen, geschwungene Beine und Lehnen besitzen. Dazu gesellen sich Vorhangstoffe und Kissen, mal bunt geblümt, mal dunkel gestreift. Im Bad finden sich nostalgische Armaturen vor bemalten Fliesen und Waschtischen.

Skandinavisch Holzdielen auf dem Boden, vertäfelte oder hell gestrichene Wände. Praktische Kommoden, großzügige Esstische, Schränke mit Vitrinentüren. Möbel aus Holz, oft mit Kassetten. Zu Weiß, Blau und Rot werden Streifen, Karos und Blumenmuster kombiniert (Wände, Sofas, Kissen). Dazu verspielte Lampen, Flickenteppiche oder mit Spitze besetzte Kissen.

Ethno Der Ethnostil ist ein bunter Mix verschiedener Kulturen. Ihn kennzeichnen Möbel aus dunklem Holz, kräftige Wandfarben (Rot, Ocker, Türkis etc.) und Accessoires wie Buddhafiguren, afrikanische Masken oder chinesische Schriftzeichen. Stoffe mit grafischen Mustern aus Afrika, Seidenkissen aus Asien sowie Schalen mit orientalischen Ornamenten setzen weitere Akzente.

Wichtig ist, dass Sie sich über Ihre ganz persönlichen Bedürfnisse klar werden und diese dann in die Tat umsetzen. Das ist in kleineren Räumen oft gar nicht so einfach – aber auch kein Unding. Manchmal reicht schon eine Vase in Ihrem Lieblingsstil oder ein Raumteiler, der Ihnen einen Rückzugsort verschafft. In anderen Fällen hilft nur eine größere Umräumaktion – und im Extremfall müssen Sie Ihre gesamte Einrichtung auf den Prüfstand stellen.

Um herauszufinden, wie Sie Ihre Bedürfnisse mit dem vorhandenen Platz in Einklang bringen können, sollten Sie zunächst versuchen, ihn mit ganz neuen Augen anzuschauen. Gehen Sie auf Entdeckungsreise durch Ihre Wohnung! Lernen Sie sie gründlich kennen und finden Sie heraus, welches Potenzial in ihr steckt.

Der am weitesten verbreitete Einrichtungsstil lässt sich am besten mit »Stilmix« oder »Cross-over« beschreiben. Sein Motto: Erlaubt ist, was gefällt. Das hat wenig bis gar nichts mit Geld zu tun. Gefragt sind stattdessen Offenheit für Neues, Geschmack und etwas Mut. So entsteht aus Einflüssen verschiedener Stile ein ganz einzigartiges Ambiente.

Raumsituation: Potenziale und Grenzen

Jetzt haben Sie viel über sich selbst, Ihre Lebensgewohnheiten und Erwartungen nachgedacht. Im nächsten Schritt wenden Sie sich der Frage zu, wie sich all das in Ihrer Wohnung mit ihrem speziellen Charakter und ihrer räumlichen Begrenztheit umsetzen lässt. Halten Sie sich dazu zunächst vor Augen, welchen Typ von Wohnung Sie haben. Schon daraus ergeben sich wichtige Rückschlüsse.

Machen Sie sich im wahrsten Sinn des Wortes erst einmal ein Bild von Ihrer Wohnung – genauer gesagt: einen maßstabsgetreuen **Grundriss**. Bei Erstbezug bekommen Sie den mit etwas Glück vom Vermieter oder Bauträger – ansonsten ist Selbsthilfe angesagt.

Stichwort: Wohnungstypen

- **Das Ein-Zimmer-Apartment** Finden alle Wohntätigkeiten in einem Raum statt, ist Flexibilität oberstes Gebot. In einer Ein-Zimmer-Wohnung gilt es, unterschiedliche Aktivitätszonen zu schaffen. Diese können voneinander getrennt werden (zum Beispiel Wohn- und Arbeitsbereich) oder auch ineinander übergehen. Wenige, flexibel nutzbare Möbel in schlichtem Design sowie leichte Materialien und geradlinige Formen sollten den Raum dominieren.
- **Die Maisonettewohnung** erstreckt sich über mehrere Etagen und beinhaltet meist das oberste Geschoss und den ausgebauten Dachstuhl, die über eine Treppe miteinander verbunden sind. Im oberen Bereich hat man es oft mit Dachschrägen zu tun. Dafür und auch für die Treppe lassen sich meist kreative Lösungen finden, zum Beispiel das Einrichten eines Arbeitsplatzes auf einem Treppenabsatz.
- **Die Souterrainwohnung** Aufgrund ihrer Lage – der Fußboden befindet sich unter dem Niveau der Erdoberfläche – sind Souterrainwohnungen meist ziemlich dunkel. Zudem befinden sich in ihrem Umfeld häufig Kelleranlagen mit technischen Geräten (u. a. Heizungstechnik), die permanent für einen gewissen Geräuschpegel sorgen.
- **Die Penthousewohnung** Das Penthouse ist die exklusivste Art zu wohnen. In der Regel entsteht sie, indem eine Wohnung auf ein Haus aufgesetzt wird. Mit diesem ist die Penthousewohnung meist über einen eigenen separaten Fahrstuhl verbunden. Penthouses sind in der Regel hell, ruhig und großzügig geschnitten.
- **Das Loft** Als Loft bezeichnet man eine Wohnung in einer stillgelegten Industriehalle. Auch wenn es für viele der Wohntraum schlechthin ist – vor allem die Nebenkosten können hier dank alter Bausubstanz immens sein. Deshalb sollten Bewohner darauf achten, dass Gebäudehülle, Türen und Fenster gut gedämmt sind.
- **Die Einliegerwohnung** Bei Einliegerwohnungen handelt es sich um eine zusätzliche und vom restlichen Haus abgetrennte Wohnung mit eigenem Eingang. Einliegerwohnungen verfügen meist über eine sehr begrenzte Wohnfläche und sind damit für Familien nur bedingt geeignet. Im ausgebauten Dachgeschoss hat man es in der Regel mit vielen Schrägen zu tun. Liegt die Einliegerwohnung im Kellergeschoss, stellen die Lichtverhältnisse eine Herausforderung dar.

Essen, schlafen und entspannen in einem Raum – im **Ein-Zimmer-Apartment** geht es darum, den begrenzten Platz sinnvoll in Bereiche aufzuteilen.

In einer **Penthousewohnung** kann angesichts von Dachschrägen und bodentiefen Fenstern das Schaffen von Stauraum zum Problem werden.

Den Platz im Treppenbereich sinnvoll zu nutzen, ist für Bewohner einer **Maisonettewohnung** eine der größten Herausforderungen.

In **Lofts** ist meist genug Platz vorhanden. Doch der offene Grundriss und fehlende Wände können das Schaffen privater Wohnbereiche erschweren.

Das wenige Tageslicht lässt eine **Souterrainwohnung** schnell dunkel und eng wirken. Mit hellen Farben und Kunstlicht lässt sich gut gegensteuern.

Nicht jede **Einliegerwohung** hat so große Fenster – begrenzte Raum- und Lichtverhältnisse können das Einrichten zur Herausforderung machen.

Fertigen Sie eine grobe Skizze auf weißem Papier an und messen Sie jeden Raum zunächst genau aus (siehe »Wohnfläche ausrechnen«, Seite 26). Zeichnen Sie mit den Zahlen dann den exakten Grundriss auf Millimeterpapier oder Schreibpapier. Als Maßstab eignet sich für die meisten Wohnungen 1:50. Einem Meter Wandlänge entsprechen dann auf dem Papier zwei Zentimeter, einem Quadratmeter Wohnfläche folglich vier Quadratzentimeter ($2\,cm \times 2\,cm = 4\,cm^2$). Küche und Bad lassen sich oft besser planen, wenn der Grundriss im Maßstab 1:20 angefertigt wird.

Auf ein Blatt DIN-A4-Millimeterpapier passen bei einem Maßstab von 1:50 je nach Schnitt der Wohnung Wohnflächen bis etwa 120 Quadratmeter (siehe Grundrisszeichnung rechts) – bei 1:20 auf jeden Fall noch der betreffende Raum.

Tipp: Software statt Bleistift

Wer fit im Umgang mit dem Computer ist, kann sich das Zeichnen per Hand sparen und nutzt stattdessen eine Software. Geeignete Programme lassen sich aus dem Internet herunterladen. Beispiele für brauchbare und zudem kostenlose Angebote sind:

- **Roomeon** (de.roomeon.com)
- **Sweet Home 3D** (www.sweethome3d.com/de)
- **Ashampoo Home Designer** (www.ashampoo.com/de).

Nach Eingabe der Grundrissmaße kann der Nutzer in aller Regel zwischen verschiedenen Möbeln und Einrichtungsgegenständen in der gewünschten Größe, Farbe und Textur wählen und diese in seiner Wohnung verschieben. Viele Programme bieten 3-D-Ansichten sowie die Möglichkeit virtueller Rundgänge.

AUCH NISCHEN UND VORSPRÜNGE BERÜCKSICHTIGEN

Welche Angaben muss der Grundriss der Wohnung enthalten? Zum einen natürlich sämtliche Wandlängen, darüber hinaus wo nötig (zum Beispiel unter Dachschrägen) auch die Höhe der Wände. Hinzu kommen Vorsprünge, Nischen, Heizkörper, Scheuerleisten sowie sämtliche Öffnungen (zum Beispiel Fenster und Türen). Vergessen Sie bei den Türen nicht, die Aufschlagrichtung und den Öffnungsradius anzugeben.

Zusätzlich markieren Sie Steckdosen, Lichtschalter und Armaturen sowie TV-, Telefon- und Multimediaanschlüsse. Geben Sie auch die Lage der Wohnung an, damit Sie sehen können, welche Zimmer nach Süden oder Westen, welche nach Norden oder Osten gehen – also Morgen- oder Abendsonne bekommen. Das Ganze kopieren Sie dann ein paar Mal, damit Sie später verschiedene Entwürfe miteinander vergleichen können.

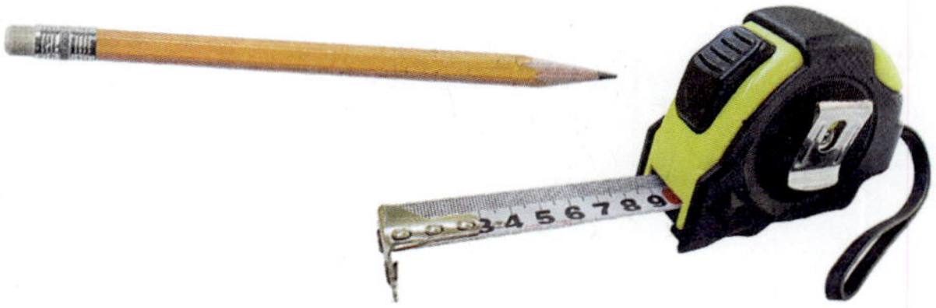

Ausmessen und skizzieren – das brauchen Sie:

- Rollmaßband bzw. elektronisches Messgerät (Laser oder Ultraschall)
- Notizblock, DIN A4
- Millimeterpapier, DIN A4
- Bleistift, Radiergummi, Lineal
- Farbiger Zeichenkarton

Steht der Grundriss der Wohnung, schneiden Sie sich aus farbigem Zeichenkarton oder auch Millimeterpapier im selben Maßstab Schablonen sämtlicher Möbel und Einrichtungsgegenstände zu. Das wirkt zunächst etwas altmodisch, zahlt sich aber aus. Diese Schablonen können Sie nach Herzenslust verschieben und so einzelne Räume oder gleich die ganze Wohnung »umräumen«.

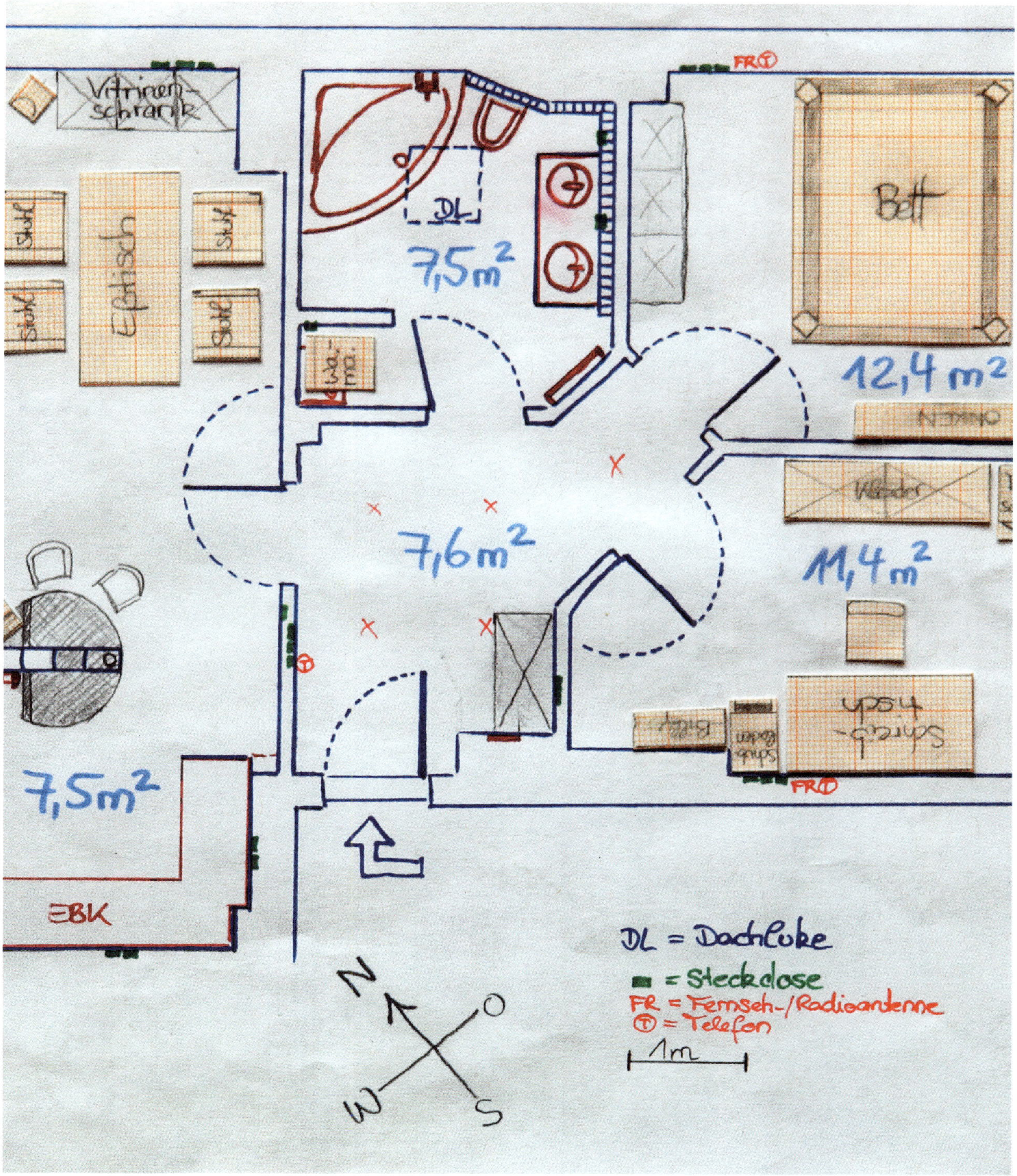
Vitrinen-schrank
Stuhl
Esstisch
Stuhl
Stuhl
Stuhl
DL
7,5 m²
Wa.-ma.
Bett
12,4 m²
7,6 m²
11,4 m²
Schreib-tisch
7,5 m²
EBK
DL = Dachluke
= Steckdose
FR = Fernseh-/Radioantenne
T = Telefon
1m
N
O
S
W

Tipp: Wohnfläche ausrechnen
Nutzen Sie die Gelegenheit, um mit dem Maßband oder einem elektronischen Messgerät Ihre Wohnfläche exakt zu bestimmen. Manche Vermieter geben im Mietvertrag deutlich größere Wohnflächen an und lassen sich diese bezahlen. Laut Wohnflächenverordnung zählen Keller- und Heizungsräume sowie Waschküchen und Garagen nicht zur Wohnfläche. Für Dachschrägen und Treppen gilt: Flächen unter Schrägen bis ein Meter Raumhöhe werden nicht angerechnet, Flächen unter ein bis zwei Metern Raumhöhe zu 50 Prozent. Erst ab zwei Metern gilt die Fläche zu 100 Prozent als Wohnfläche. Bei Balkonen, Terrassen und Dachgärten lässt die Verordnung Spielraum: Sie werden in der Regel mit 25, höchstens aber mit 50 Prozent ihrer Fläche berücksichtigt. **Wichtig:** Liegt die tatsächliche Quadratmeterzahl um mindestens zehn Prozent unter dem im Mietvertrag angegebenen Wert, dürfen Mieter die Miete mindern!

Keller- und Heizungsräume sowie Waschküchen fließen nicht in die Berechnung der Wohnfläche ein. Dasselbe gilt für Garagen und Dachböden.

Flächen unter Treppen und Dachschrägen zählen zwar bis zu einem Meter Raumhöhe nicht zur Wohnfläche, sind aber gut als Stauraum nutzbar.

Dachterrassen und Balkone fließen in vermieteten Neubauten mit 25 Prozent, in Altbauten in der Regel mit 50 Prozent in die Wohnfläche ein.

Erkenntnisse zügig in die Praxis umsetzen

Aus dem Wissen über Ihre Bedürfnisse und die gegebene Raumsituation gilt es nun, konkrete Schritte abzuleiten. Entscheiden Sie sich, in welchem Ausmaß Sie Ihre Wohnung verändern wollen. Reicht es, ihr mit Hilfe von Licht, Farben und Materialien einen neuen Charakter zu geben und sie nur optisch zu vergrößern? Wollen Sie Ihr Domizil von Grund auf umgestalten, indem Sie es neu einrichten – oder schwebt Ihnen am ehesten eine Mischung von beidem vor?

Erst einmal anzufangen und sich erst dann die weiteren Schritte zu überlegen, ist keine besonders geeignete Methode. Besser ist es, sich vor Beginn konkrete Ziele zu setzen. Beispiele gefällig? »Ich will mehr Stauraum im Schlafzimmer schaffen.« oder: »Ich will mir einen Arbeitsplatz im Wohnzimmer einrichten, der praktisch ist und nicht stört.« oder: »Meine ganze Wohnung soll farblich neu gestaltet werden, um größer zu wirken.«

Eine wichtige Rolle spielt das verfügbare Budget. Es hilft nichts, sich in die Tasche zu lügen: Hochwertige Farben, schöne Accessoires und vor allem neue Möbel kosten Geld. Die wenigsten Menschen sind in der Lage, sich etwa ein Bett oder ein Regal selbst zu bauen. Machen Sie sich deshalb eine Liste, auf der Sie notieren, was Sie sich neu anschaffen wollen, und kalkulieren Sie anhand von Katalogen oder Händlerwebseiten realistische Preise.

Entscheiden Sie, wie viel Geld Sie ausgeben wollen und ob Sie das aus dem Stand zur Verfügung haben, erst ein Sparkonto auflösen müssen oder das Ganze sogar auf Kredit finanzieren wollen.

Fahrplan zum Ziel

1. Möchte ich nur in einzelnen Zimmern Veränderungen vornehmen oder in der ganzen Wohnung?

2. Welche Zimmer will ich verändern?

3. Wie gehe ich vor – raumweise oder tätigkeitsweise (z. B. erst ausmisten, dann renovieren, dann neu einrichten)?

4. Welcher Einrichtungsstil inspiriert mich am meisten?

5. Wie lässt sich dieser Stil in meiner Wohnung umsetzen?

6. Was genau will ich in jedem Raum verändern (z. B. Stauraum schaffen, renovieren / andere Farben, neue Möbel)?

Raum 1:

Raum 2:

Raum 3:

Raum 4:

7. Was kaufe ich fertig, was lasse ich einbauen, was baue ich selbst?

Raum 1:

Raum 2:

Raum 3:

Raum 4:

8. Gibt es Verwandte oder Freunde, die bei Planung und Umsetzung helfen könnten (z. B. Inneneinrichter, Tischler)?

9. Was wird das Vorhaben pro Raum in etwa kosten?

Raum 1:

Raum 2:

Raum 3:

Raum 4:

10. Wie sehen mein Budget und mein Finanzierungskonzept aus?

Seitenblick: Boote & Yachten

In einer Schiffskabine waren viele schon mal – den Innenraum einer Yacht kennen nur die wenigsten. Hier liegt die Domäne von Birgit Schnaase. Bootseigner aus aller Welt erfüllen sich mit ihrer Hilfe ganz persönliche Träume. Auch wenn Geld dabei oft eine untergeordnete Rolle spielt – sogar auf Luxusyachten ist der Platz begrenzt und muss sinnvoll genutzt werden.

RÄUME OPTIMAL NUTZEN – 6 TOP-IDEEN:

1 **Einheitliche Farbe:** Der Innenraum dieser Motoryacht ist – bis auf Wandverkleidung und Holzboden – einheitlich in Weiß gehalten. Das wirkt einerseits edel und zeitlos, lässt andererseits den Raum größer erscheinen. Dazu trägt auch das durch die Oberlichter einfallende Licht bei.

2 **Klapptisch:** »Mein Tisch, der hat vier Ecken...« – und werden diese ausgeklappt, verdoppelt sich im Handumdrehen die Tischfläche. Bei Nutzung von nur einer, zwei oder drei zusätzlichen Ecken lassen sich Form und Größe des Tisches der jeweiligen Mannschaftsstärke flexibel anpassen.

3 **Stauraum für Küchengeräte:** Wird die auf einer Schublade platzierte Kaffeemaschine in der Pantry dieser Segelyacht gerade nicht benutzt, verschwindet sie lautlos wieder hinter der Schranktür. Dort kann ihr auch höherer Seegang nichts anhaben und die Arbeitsplatte steht wieder anderweitig zur Verfügung.

4 **Duschbrause am Waschtisch:** Die am Waschtisch angebrachte Brause erspart in sehr engen Badezimmern das Anbringen einer zweiten Armatur und ermöglicht dadurch erst die Nutzung als Dusche. Der zusätzliche Wandspiegel im Querformat sorgt dafür, dass der Raum deutlich größer wirkt.

5 **Mini-Handtuchtrockner:** Mehr Trockner als das kompakte Wandmodell braucht kein Mensch – zumindest nicht auf einer Yacht. Übrigens: Eine sehr schöne und platzsparende Form der Handtuchaufbewahrung bietet der unten an der Wand angebrachte Kunststoffbehälter.

6 **Hochwertige Details:** Vor der glänzenden Fläche der edlen Holztür kommt der ertrödelte Porzellanknauf hervorragend zur Geltung. Das spart vielleicht keinen Platz, sorgt aber dafür, dass man ausgesprochen gern hinschaut.

TIPPS VON DER EXPERTIN:

- Je enger der Raum, desto näher sind Sie täglich seinen Oberflächen. In einem weitläufigen Loft mögen unverputzte Wände und ein alter Fußboden ihren Charme haben – in einer kleinen Wohnung nicht. Verwenden Sie deshalb **hochwertige Materialien** und sparen Sie nicht am falschen Ende.

- Achten Sie auf **Kleinigkeiten**: Was Sie in Ihrer Wohnung berühren, sollte ebenfalls erstklassige Qualität haben. Das gilt für den Porzellanknauf an der Tür genauso wie für Handläufe, Griffe sowie Oberflächen von Möbeln. Geben Sie lieber einmal Geld für drei schöne neue Türklinken aus, als sich jahrelang über die alten zu ärgern. Es ist übrigens erstaunlich, was man in dieser Hinsicht alles auf Flohmärkten finden kann!

- Nicht nur im Inneren von Yachten stößt man im Hüftbereich an vorspringende Kanten. Um schmerzhafte Stöße zu vermeiden, sollten Sie an Tischkanten und anderen kritischen Bereichen auf **abgerundete Ecken** achten. Bleiben Sie von blauen Flecken verschont, hat sich der Auftrag an den Tischler schon rentiert!

- Ein **geschickt platzierter Spiegel** hilft jedem Raum der Welt. Schon ein schmaler Streifen – gegenüber einem Fenster oder im 90-Grad-Winkel daneben angebracht – vergrößert den Raum und bringt mehr Helligkeit.

- Durch **konsequentes Aufräumen** sorgen Sie für ein ordentliches und harmonisches Ambiente. Lassen Sie so viel wie möglich hinter Schranktüren und in Schubladen verschwinden.

Birgit Schnaase ist Innenarchitektin und gestaltet mit ihrem Team Interieurs, unter anderem für Yachten. Ihr Angebot reicht von ersten Ideenskizzen über die Beratung bei der Auswahl geeigneter Werften bis zur Übernahme schlüsselfertiger Projekte. www.schnaase.de

1

2

3

4

5

6

RAL

SETZEN SIE AKZENTE!
UMRÄUMEN UND RENOVIEREN

Die Wirkung von Licht, Farbe und Textur wird meist unterschätzt. Doch wer diese drei bewusst einsetzt und geschickt kombiniert, kann tolle Effekte schaffen und seinen vier Wänden individuelles Flair verleihen. Mit ein paar Tricks erscheinen kleine Räume gleich viel großzügiger.

Kleine Räume ins rechte Licht setzen

Wohnräume gut zu beleuchten, ist eine echte Herausforderung. Licht verschafft uns Orientierung und beeinflusst unsere Stimmung. Während in großen Räumen der eine oder andere Fehler nicht so stark ins Gewicht fällt, ist eine durchdachte Lichtplanung in kleinen Räumen absolut essenziell. Der richtige Mix aus Tages- und künstlichem Licht lässt beengte Zimmer gleich viel größer und wohnlicher wirken. Zudem kann Licht einzelne Bereiche einer Wohnung ebenso wirkungsvoll öffnen oder trennen wie feste Raumteiler, indem der ganze Raum oder nur Teile davon erhellt werden.

BELEUCHTUNG PLANVOLL EINSETZEN

Lichtplanung – das klingt für viele etwas abgehoben. Ist es nicht viel schöner, seinem Bauchgefühl zu folgen und sich mal hier eine Tischleuchte hinzustellen, mal da einen Klemmspot anzubringen? Ehrlich gesagt: nein. Ohne Konzept bleibt so ein Vorgehen nach dem Hauruck-Prinzip immer Stückwerk. Klar ist aber auch: Die meisten Menschen haben nicht die Möglichkeit, die Beleuchtung ihrer Wohnung von Grund auf neu zu planen und anschließend etwa verdeckte Downlights in den Boden oder dimmbare Deckenspots einbauen zu lassen.

Doch lassen Sie sich davon nicht abschrecken: Nur weil die Anschlüsse für Decken- und Wandleuchten bereits da sind und Sie sich schon teure Leuchten gekauft haben, ist das Thema längst nicht erledigt. Ihnen bleiben trotzdem eine Menge Gestaltungsmöglichkeiten. Machen Sie sich frei von vermeintlichen Zwängen und trauen Sie sich Neues auszuprobieren!

TAGESLICHT OPTIMAL NUTZEN

Nehmen Sie sich zunächst etwas Zeit und schauen Sie sich Ihre Wohnung aufmerksam bei Tageslicht an. Die Lichtrhythmen des Tages und der Wechsel der Jahreszeiten bestimmen wesentlich unser Leben. Menschen, die viel Zeit in modernen, künstlich beleuchteten Umgebungen verbringen, bekommen oft kaum Tageslicht zu sehen. Doch um physisch und psychisch gesund zu bleiben, brauchen auch sie eine ausreichende Dosis davon.

Dass Tageslicht einmal zum schlagenden Kauf- oder Mietargument für Wohnungen und Wohnhäuser werden könnte, hätte vor 30 oder 40 Jahren wohl noch niemand gedacht. Damals ging es in erster Linie um den praktischen Zuschnitt von Wohnungen. Für Helligkeit sorgten ineffiziente Glühbirnen, angetrieben von billigem Kohle- oder Atomstrom. Vor allem kleinere Wohnungen haben dadurch baulich bedingte Nachteile. Sei es, dass sie im Halbparterre liegen, sei es, dass einzelne Zimmer an einen schattigen Innenhof grenzen oder einfach nicht genügend Fenster vorhanden sind.

Nicht zuletzt aus energetischen Gründen ist es heute wichtig, einfallendes Tageslicht nicht auszusperren, sondern bestmöglich zu nutzen. Das ist nicht ganz leicht, denn es verändert sich ständig – im Verlauf eines Tages und im Lauf der Jahreszeiten. Da sich Letzteres nicht ohne Weiteres beobachten lässt, schauen Sie sich den wechselnden Lichteinfall während eines Tages an. Wie verändert sich Ihre Wohnung dadurch? Zu welchen Tageszeiten herrscht in welchen Bereichen Licht, in welchen dagegen Schatten? Wird es in Ihrer Leseecke schon sehr früh dunkel? Blendet Sie die untergehende Sonne, wenn Sie am Tisch zu Abend essen oder vom Sofa aus fernsehen?

Machen Sie sich zudem in jedem Raum die Himmelsrichtungen bewusst. In unseren Breiten sind nach Süden und Westen gerichtete Räume heller und wärmer als jene, die nach Osten und Norden zeigen. Dieses Phänomen können Sie sich zunutze machen, indem Sie Bereiche, in denen Sie sich oft aufhalten oder Gäste empfangen, in hellere Räume Ihrer Wohnung verlegen – oder zumindest die Einrichtung innerhalb eines Zimmers neu arrangieren, um das Tageslicht optimal zu nutzen.

BAULICHE VERÄNDERUNGEN FÜR MEHR TAGESLICHT

Eigentümer eines Hauses oder einer Wohnung können die Lichtqualität in ihren vier Wänden erhöhen, indem sie bauliche Veränderungen vornehmen lassen. Mieter können das nur, wenn der Eigentümer zustimmt, was er jedoch nicht muss. Folgende Möglichkeiten kommen grundsätzlich in Betracht – erfordern allerdings zum Teil erhebliche Investitionen:

Tageslicht von der Seite:

- Vergrößern vorhandener Fenster und Türen
- (Teilweises) Entfernen von Innenwänden
- Einbau neuer Außenfenster
- Einbau von Innenfenstern
- Einbau von Trennwänden oder Schiebetüren aus lichtdurchlässigen Materialien (Glas, Plexiglas, Reispapier o. ä.)
- Schaffen offener Ausschnitte in Innenwänden (waagerechte oder senkrechte Schlitze, Bullaugen, Durchreichen etc.)
- Einsetzen von Glasbausteinen (Sichtschutz) in größere Wandöffnungen
- Einsetzen von satinierten, strukturierten oder ähnlich bearbeiteten Gläsern in kleinere Wandflächen.

Tageslicht von oben:

- Einbau von Oberlichtern, Dachflächenfenstern oder eines Glasdachs
- Einbau von vertikalen Lichtschächten
- Einbau von Treppen, die das Licht von oben in tiefer gelegene Bereiche durchlassen
- Einbau verglaster Teilflächen in Fußböden.

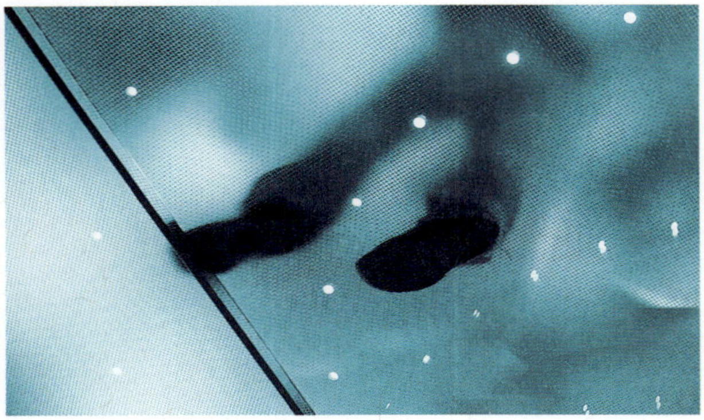

Tageslicht von unten:

- Einbau gläserner oder teilverglaster Fußböden in Obergeschosse.

Eingriffe in die Bausubstanz haben jedoch häufig Einfluss auf die Statik und sind deshalb recht aufwendig. Zudem ist bei größeren Umbauten eine Baugenehmigung erforderlich. Schließlich stellen etwa verglaste Außenwände besondere Anforderungen an Sicherheit, sommerlichen Wärmeschutz und Wärmedämmung.

Folgende Tipps helfen Ihnen, Tageslicht optimal zu nutzen:

- Behindern Sie den Einfall von Tageslicht mit Gardinen, Vorhängen, Jalousien etc. nur, soweit es der Sichtschutz unbedingt erfordert. Verwenden Sie spezielle, reflektierende Lamellen-Jalousien und möglichst lichtdurchlässige Vorhangstoffe.
- Setzen Sie bewusst größere Spiegel ein, die das Tageslicht in dunklere Bereiche reflektieren. Auf diese Weise entstehen gleichzeitig »falsche Perspektiven«, die Zimmer geräumiger wirken lassen.
- Platzieren Sie auch Ihre Möbel so, dass sie das einfallende Tageslicht nicht blockieren.
- Reservieren Sie für Schreibtisch, Esstisch und – falls noch möglich – die Arbeitsfläche in der Küche Plätze, an denen Sie das Tageslicht nutzen können.
- Verwenden Sie Innentüren mit Glaseinsätzen, lassen Sie die Türen offenstehen oder hängen Sie Türblätter aus. Ein freier Blick in alle Räume verstärkt den Eindruck von Weite und Helligkeit. Verschiedene Bereiche innerhalb einer Wohnung lassen sich auch mit Hilfe lichtdurchlässiger Raumteiler abgrenzen.
- Setzen Sie auf helle Wandfarben und Fußböden, die das Tageslicht reflektieren. Auch glänzende Oberflächen erhöhen die Lichtausbeute und beleben den Raum obendrein mit Lichtreflexen.

Tipp: Der richtige Sichtschutz
In kleinen Räumen wirken aufwendige Vorhänge und Fensterdekorationen oft zu beherrschend. Besser eignen sich schnörkellose Lösungen wie Jalousien, Rollos, Bistrogardinen sowie schlichte Stoffbahnen aus hellem, durchscheinendem Material. Grundsätzlich gilt: So viel Sichtschutz wie nötig, so wenig wie möglich.

Maximale Ausbeute Ein gläserner Schreibtisch lässt das durchs Fenster einfallende Tageslicht ungehindert ins Zimmer fluten, wo es von der glänzenden Oberfläche des Bodens reflektiert und verstärkt wird.

Nachdem Sie Ihrer Wohnung die denkbar größte Ausbeute an Tageslicht spendiert haben, wenden Sie sich künstlichen Lichtquellen zu. Diese ergänzen das natürliche Licht und kommen längst nicht nur zum Einsatz, wenn es draußen dämmert oder dunkel ist. Denken Sie nur an jene Bereiche Ihrer Wohnung, die immer wenig Tageslicht abbekommen. Denken Sie aber auch an Ihren Schreibtisch, die Küche, die Leseecke, die Bilder an der Wand. Nicht immer soll Licht der Orientierung dienen oder gemütliche Stimmung verbreiten. Anders als Tageslicht lässt sich künstliches Licht auch dazu verwenden, begrenzte Bereiche besonders stark auszuleuchten oder einzelne Einrichtungsgegenstände hervorzuheben.

Überlegen Sie sich deshalb, welche Bereiche Ihrer Wohnung Sie wie beleuchten wollen. Am einfachsten dürfte dies im Hinblick auf Arbeitslicht fallen – womit allerdings nicht zwingend geklärt ist, wie die Beleuchtung aussehen soll. So lässt sich eine Arbeitsfläche sowohl mit einer Leuchtstoffröhre ausleuchten, die an der Unterseite der Oberschränke angebracht ist. Je nach Beschaffenheit der Küche kann aber auch ein Klemmspot die richtige Wahl sein. Am Schreibtisch geht es vor allem darum, den Lichtkegel genau auf die Stelle zu richten, an der er benötigt wird. Dazu ist eine Schreibtischleuchte mit Gelenk sowie dreh- und neigbarem Kopf erste Wahl.

Stichwort: Beleuchtungsarten

Künstliches Licht lässt sich nach seiner Funktion unterscheiden in Umgebungs-, Arbeits- und dekorativ hervorhebendes Licht.

Während mit **Umgebungslicht** die allgemeine Hintergrundbeleuchtung gemeint ist, die einen großen Streuwinkel besitzt und dazu dient, größere Bereiche gleichmäßig auszuleuchten, ist **Arbeitslicht** gezielt auf eine bestimmte Tätigkeit gerichtet, zum Beispiel am Schreibtisch, der Leseecke oder der Arbeitsplatte in der Küche. Ein **dekoratives Akzentlicht** – wie es etwa Punktstrahler erzeugen – lenkt den Blick auf bestimmte Gegenstände, zum Beispiel Bilder und Skulpturen und hebt sie dadurch hervor.

Was Akzent- und Dekorationslicht angeht, experimentieren Sie ruhig mit bereits vorhandenen Tisch- und Klemmleuchten sowie verstellbaren Spots herum. Schon eine einzige geschickt platzierte Lampe kann einen kleinen Raum optisch vergrößern, indem sie interessante Objekte betont und die Raumecken in schummrigem Dunkel verschwinden lässt. Richten Sie Lichtkegel in unterschiedliche Bereiche des Raumes, variieren Sie die Höhe von Lichtquellen und stellen Sie sie ruhig mal auf den Boden. Sie werden sehen, wie sich Räume allein dadurch verändern. **Folgende Regeln sollten Sie beachten:**

- Grundsätzlich sind für kleinere Räume kleinere Lichtquellen besser geeignet als eine große, mittig platzierte Deckenleuchte, die zudem häufig blendet.
- Eine Deckenleuchte kann dagegen für sanfte Hintergrund- oder Raumbeleuchtung sorgen, so lange sie nicht zu grell strahlt, sondern ihr Licht diffus oder abgeschirmt ist. Lassen Sie Decke und Wände »mitleuchten«, indem diese das Licht reflektieren.
- Indirektes Licht lässt sich auch mit Decken- und Wandflutern, Downlights, Lichtleisten, Niedervoltsystemen mit Spots an gespannten Drahtseilen sowie Boden- und Tischleuchten erzeugen. Für kleine Räume sind Wandfluter und nach unten gerichtete Leuchten ideal.
- Indirektes Licht sollte sich dimmen lassen. So können Sie die Lichtstimmung in Bereichen mit mehreren Funktionen je nach Bedarf anpassen.
- Licht, das an die Decke strahlt, macht den Raum optisch höher. Auf Wände gerichtetes Arbeitslicht lässt den Raum größer erscheinen. Dasselbe funktioniert

mit auf Wände gerichteten Deckenspots – besonders bei hellen Wänden.

- Achten Sie beim Kauf auf den Streuwinkel der verwendeten Leuchtmittel. So können Sie mit Spotlights sowohl ganze Räume ausleuchten als auch gezielt Akzente setzen.
- Pro Raum sollten Sie mindestens zwei, besser vier bis fünf Lichtquellen vorsehen. Diese ordnen Sie in unterschiedlichen Positionen und Höhen so an, dass sie überlappende Helligkeitsbereiche schaffen, die den Raum optisch vergrößern und das Auge führen.
- Zum Hervorheben kleinerer und mittelgroßer Bilder eignen sich Bilderleuchten, die sich an der oberen Rahmenleiste befestigen lassen. Skulpturen, Schalen und Vasen können Sie sowohl von oben als auch von unten mit Spots anstrahlen. Grünpflanzen wirken am besten, wenn sie von unten, Bücher, wenn sie seitlich beleuchtet werden.
- Um Objekte hervorzuheben, lassen sich auch beleuchtete Möbel nutzen, zum Beispiel eine Glasvitrine oder eine Wohnwand. Glasobjekte in einer Vitrine kommen perfekt zur Geltung, wenn sie von unten (etwa mit Spots) oder hinten (zum Beispiel durch eine Leuchtstoffröhre mit Milchglasverblendung) angestrahlt werden.
- Direktes Licht wird für Arbeits- und Akzentlicht benötigt. Dafür eignen sich zum Beispiel Schreibtischlampen und Spots.
- Um architektonische Details (etwa Dachbalken, Säulen, Wandvorsprünge) zu betonen oder dominante Elemente zu kaschieren, eignen sich Lichtleisten oder Spots, die hinter Blenden verborgen sind.

Grundsätzlich gilt: Wer die Möglichkeit hat, im Rahmen eines Neu- oder Umbaus die Beleuchtung von Grund auf neu zu planen, sollte dies möglichst früh erledigen, um Einfluss auf die Platzierung von Lichtschaltern und Steckdosen (an der Wand und im Boden) nehmen zu können.

Hat eine Wohnung etwa zu wenige Steckdosen, um Leuchten an den gewünschten Stellen anschließen zu können, können sich Bewohner mit Verlängerungskabeln bzw. Steckerleisten behelfen. Eventuell kommt auch der nachträgliche Einbau zusätzlicher Steckdosen in Frage. Dies sollte jedoch aufgrund der Sicherheitsvorschriften ein Elektriker erledigen. Zudem sollten Mieter sich zuvor die schriftliche Einwilligung ihres Vermieters einholen.

SPIEGEL EFFEKTVOLL PLATZIEREN

Geschickt platziert lassen sich Spiegel nutzen, um sowohl Tages- als auch Kunstlicht zu reflektieren und in dunkle Bereiche zu lenken. Faustregel: Ein Spiegel sollte immer etwas Attraktives reflektieren! So wirkt ein im rechten Winkel neben einem Fenster hängender Spiegel wie ein zweites Fenster. Doch auch rechtwinklig neben einem besonders schönen Bild oder üppigen Zimmerpflanzen platziert, eröffnet er faszinierende Ein- und Ausblicke.

Hängt ein ausladender Spiegel einem großen Fenster oder einer Balkon- bzw. Terrassentür gegenüber, lässt sich die Lichtausbeute fast verdoppeln – und im Idealfall sogar die Illusion eines zweiten Ausblicks nach draußen erzeugen. Die erhöhte Lichtausbeute ist auch in engen Fluren sehr hilfreich – so lange eine geöffnete Tür dem einfallenden Tageslicht den Weg in die Diele ermöglicht. Am besten wirkt hier ein langer Spiegel, horizontal über einem Tischchen oder einer niedrigen Kommode aufgehängt. Reizvolle Effekte entstehen auch durch das Aufhängen mehrerer ähnlich gerahmter Spiegel in unterschiedlichen Größen. Auch nach Norden liegende, eher dunklere Räume können auf ungeahnte Weise von Spiegeln profitieren. Bei Fenstern, die nach Süden oder Westen zeigen, sollten Sie dagegen vorher prüfen, ob der Spiegel bei Sonnenschein unangenehm blendet.

A TRUE
LOVE
STORY
NEVER
ENDS

Ein großer Spiegel, in der Wandmitte platziert, reflektiert einerseits den Raum selbst und lässt ihn dadurch größer erscheinen. Andererseits wirft er einfallendes Licht zurück und schafft dadurch Helle und Weite im Raum. Es muss nicht immer ein klassischer Wandspiegel sein: Sie können auch die Rückwand eines freistehenden Regals mit Spiegelfliesen bestücken und sich so einen Raumteiler mit Perspektive schaffen.

Spiegeltüren an großen Schränken sind ebenfalls eine Option – sie können das Zimmer optisch weiten.

LICHT IST NICHT GLEICH LICHT

Für viele Menschen ist das Aussehen ihrer Leuchten weit wichtiger als das Licht, das von ihnen ausgeht. Richtig ist, dass Leuchten für sich genommen Einrichtungsgegenstände sind, deren Design Einfluss auf den Gesamteindruck einer Wohnung hat. Richtig ist aber auch: Mindestens genauso großen Einfluss wie ihr Äußeres hat das Licht, das von einer Leuchte ausgeht. Zum einen lässt es sie selbst auf eine bestimmte Weise wirken – zum anderen soll es natürlich die Umgebung erhellen. Was viele nicht wissen: Die Auswahl geeigneter Lampen gehört ebenso zu einer durchdachten Lichtplanung wie das Platzieren und Ausrichten der Leuchten. Und die Gestaltungsmöglichkeiten sind faszinierend.

Herkömmliche Glühlampen sind weitgehend aus dem Handel verschwunden. An ihre Stelle getreten sind drei Typen von Lampen: Kompaktleuchtstofflampen – die klassischen »Energiesparlampen« –, Halogenlampen und LEDs. Alle drei sind als Modelle für gerichtetes und ungerichtetes Licht erhältlich. Auch in Sachen Lichtstärke, Lichtfarbe und Dimmbarkeit gibt es Unterschiede. **Hier die wichtigsten Faustregeln:**

- Die Lichtstärke wird durch den Lumen-Wert (kurz: lm) auf der Verpackung angegeben. Um in etwa auf die von der Glühlampe vertraute Wattzahl zu kommen, teilen Sie die Lumenangabe durch zehn.
- Kompaktleuchtstoff- und LED-Lampen gibt es in unterschiedlicher Lichtfarbe, die sich im Kelvin-Wert ausdrückt. Warmweiße Lampen haben höchstens 3 300 Kelvin, tageslichtweiße leuchten mit über 5 300 Kelvin.
- Viele Lampen geben Farbtöne nicht natürlich wieder. Anhaltspunkte liefern der CRI- bzw. Ra-Wert. Beide Skalen reichen bis 100. Werte ab 80 genügen für normale Ansprüche, Werte ab 90 sind besser.
- Achten Sie beim Kauf darauf, ob sich eine Lampe dimmen lässt. Selbst wenn das funktioniert: Die meisten Lampen funktionieren nicht mit jedem Dimmer. Auf ihren Internetseiten veröffentlichen viele Hersteller Listen mit geeigneten Dimmern!

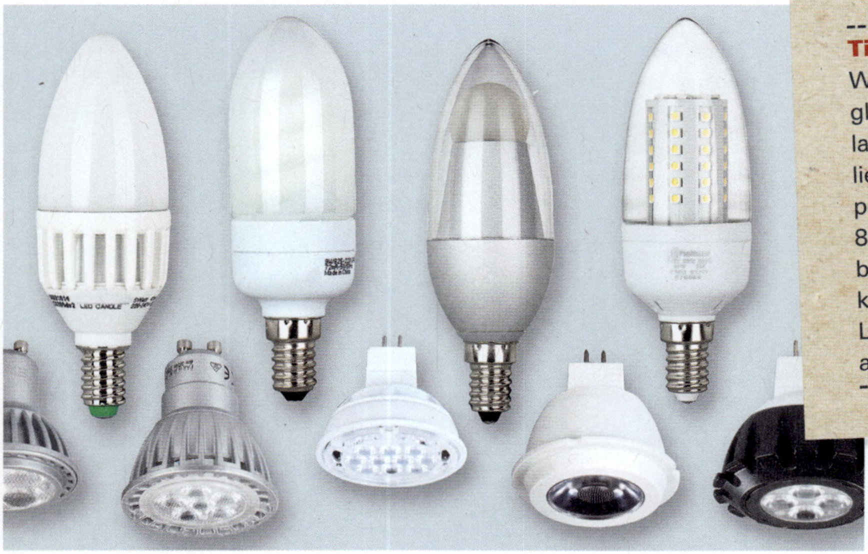

Tipp: Stromsparend
Während Halogenlampen im Vergleich zu herkömmlichen Glühlampen kaum Energie einsparen, liefern Kompaktleuchtstofflampen eine Ersparnis von bis zu 80 Prozent. Noch weniger Strom brauchen LEDs, die zwar mehr kosten, sich allerdings über ihre Lebensdauer hinweg mehr als amortisieren.

Lichtstreifen Eine über der Arbeitsplatte eingebaute oder nachträglich aufgeklebte LED-Leiste sorgt für Helligkeit und trägt nicht auf.

Perfekte Beleuchtung

Ausbeute an Tageslicht erhöhen

- Sichtschutz anpassen, zum Beispiel luftige Stores statt dicker Vorhänge
- Hindernisse beseitigen, zum Beispiel Möbel, Türen, Raumteiler

Tageslicht optimal nutzen

- Tätigkeiten mit hohem Lichtbedarf an Fenster verlegen, zum Beispiel Schreibtisch, Leseecke, Arbeitsfläche
- Gezielter Einsatz von Farben, zum Beispiel helle Wände, Böden, Möbel etc.
- Gezielter Einsatz reflektierender Möbeloberflächen
- Gezielter Einsatz von Spiegeln

Kunstlicht bewusst ergänzen

- Vorhandene Lichtquellen nach ihrer Funktion anordnen (Umgebungs-, Arbeits-, Dekorations-, hervorhebendes Licht)
- Gezielter Einsatz weiterer Lichtquellen (mindestens zwei, maximal fünf pro Raum) in unterschiedlichen Positionen und Höhen
- Gezielter Wechsel zwischen Streulicht und gerichtetem Licht
- Einsatz von Dimmern zum Anpassen der Lichtstimmung, vor allem in mehrfach genutzten Bereichen

Räume optisch vergrößern

- Wände und Decken anstrahlen
- Verschiedene, einander überlappende Lichtkreise im Raum durch Einsatz mehrerer Lichtquellen schaffen

Leuchtmittel optimal auswählen

- Auswahl geeigneter Lampen in Hinblick auf den Streuwinkel sowie auf Eigenschaften wie Lichtstärke, Lichtfarbe und Farbwiedergabe

Gestalten mit Farben

Viele Menschen halten sich in ihren eigenen vier Wänden mit Farbe auffallend zurück. Die Angst davor, etwas falsch zu machen oder sich an Farben allzu schnell sattzusehen, lässt sie auf Nummer sicher gehen. Folglich dominieren an Wänden und Decken Weiß sowie Natur- und Cremetöne. Fußböden und Möbel bestehen meist aus hellem Holz bzw. besitzen blasse Oberflächen.

Daran ist zunächst nichts auszusetzen, denn insbesondere Weiß verleiht kleinen Räumen einen Eindruck von Weite und Helligkeit. Zudem ist es besser, sie nicht mit Farbe zu überfrachten, denn insbesondere warme, kräftige Farbtöne lassen einen Raum schnell eng wirken. Wird ein einfarbiges, helles Ambiente jedoch nicht durch farbige Akzente aufgelockert, wirkt es auf Dauer seelenlos und ermüdend. Wer also auf Farbe verzichtet, versäumt die Gelegenheit, eine besondere Atmosphäre zu schaffen oder schlicht Lebensfreude auszudrücken.

Deshalb lohnt es sich, den Blick für Farben zu schärfen und sich von der Natur, dem letzten Urlaubsort oder einem besonders faszinierenden Kunstwerk inspirieren zu lassen. Wer dann noch ein paar Grundregeln zum Umgang mit Farbe verinnerlicht, ist auf dem richtigen Weg. Sicherlich kann jeder auch mal danebenliegen – doch wer zunächst kleine Schritte geht und nicht übertreibt, hat sich bald so viel Sicherheit angeeignet, um richtig Farbe ins Spiel bringen zu können.

WIE FARBEN FUNKTIONIEREN

Farbe ist letztlich nichts weiter als eine Wahrnehmung, die durch Licht im Auge ausgelöst wird. Licht breitet sich bekanntermaßen als elektromagnetische Schwingung unterschiedlicher Wellenlänge im Raum aus. Je nachdem, welche Wellenlängen ein Gegenstand reflektiert, nimmt das Auge bestimmte Farben und Schattierungen wahr.

Das für Menschen sichtbare Farbspektrum lässt sich auf unterschiedliche Weise darstellen. Im Bereich der Raumgestaltung ist der Farbkreis gebräuchlich. In der klassischen Version sind zwischen den Primärfarben Rot, Gelb und Blau die Sekundärfarben Orange, Grün und Violett angeordnet. Eine Weiterentwicklung ist der Farbkreis nach Johannes Itten (siehe Stichwort Farbkreislehre).

Stichwort: Farbkreislehre
Der Farbkreis dient zur Beschreibung und Unterteilung der Farben. Mit ihm lassen sich die Farben und ihr Verhältnis zueinander anschaulich erklären. Im zwölfteiligen Farbkreis des Schweizer Kunstmalers Johannes Itten (1888–1976) sind die Primärfarben in der Mitte angeordnet – umgeben von den Sekundärfarben. Auf dem äußeren Kreis wurden diese jeweils durch eine Zwischenstufe ergänzt. Als angenehm empfundene »Farbklänge« lassen sich durch geometrische Beziehungen finden. So bilden gegenüberliegende Farben »Dreiklänge« in Form gleichseitiger Dreiecke. Des Weiteren unterschied Itten die Farbwirkung nach sieben Kontrastarten, darunter Hell-Dunkel-, Kalt-Warm- und Komplementärkontrast.

Farben lassen sich demnach weiter differenzieren in sechs Tertiärfarben, die durch Mischen der drei Sekundär- mit den jeweils benachbarten Primärfarben entstehen. Neben diesen zwölf Farben spielen die »unbunten« Weiß, Schwarz und Grau eine wichtige Rolle. Man spricht bei ihnen auch von »Nicht-Farben«.

DIE WIRKUNG VON FARBEN

Farben wirken zum einen auf der rein physiologischen Ebene, rufen zum anderen jedoch bestimmte Assoziationen hervor. Manche davon haben historische oder kulturelle Wurzeln – andere beruhen auf subjektiven Bewertungen. So symbolisiert Weiß bei uns Reinheit und Unschuld, während es in Asien die Farbe der Trauer ist.

Die ruhigste aller Farben ist Grün. Um sie zu sehen, muss sich das menschliche Auge am wenigsten anstrengen. Als Komplementärfarbe zu Rot wirkt Grün beruhigend und entspannend. Dem Betrachter suggeriert es Naturnähe, Fruchtbarkeit und Wachstum. Grüntöne lassen sich sehr gut mit anderen Farben kombinieren. In Verbindung mit Blau sind sie Grundlage maritimer Raumkonzepte, zusammen mit Rottönen sorgen sie für lebhaftes Ethno- oder rustikales Landhaus-Flair.

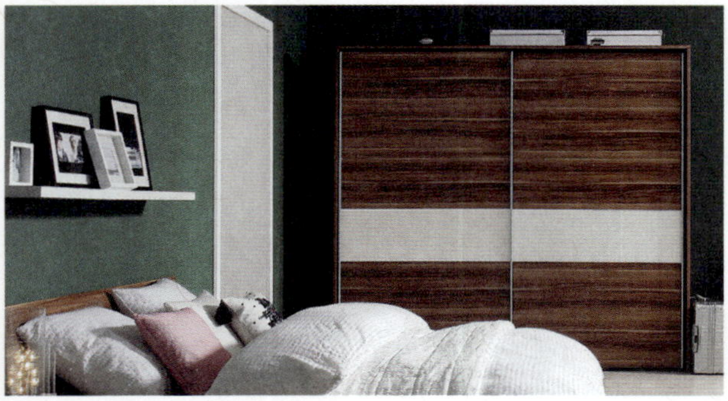

Dagegen entstehen warme Farben wie Rot, Orange und Gelb durch längere Lichtwellen und erfordern vom Auge eine deutlich größere Anpassungsleistung. Warme Farben wirken anregend, aktivierend und sorgen für Nähe, Intimität und Gemütlichkeit. Als Hintergrundfarbe im Wohnbereich eingesetzt lassen Rot, Gelb und Orange jedoch Wände optisch zusammenrücken und erzeugen so in kleinen Räumen schnell ein Gefühl der Enge.

Dem gegenüber entsprechen Blau- und Violetttöne den kürzeren Lichtwellen am anderen Ende des Farbspektrums. Himmel-, Stahl- und Marineblau sowie Violett und Dunkelpurpur wirken beruhigend und entspannend und lassen Räume luftiger und geräumiger erscheinen. Je nach Farbschattierung empfinden wir Blau als edel und elegant, frisch oder bodenständig. Als Farbe des Wassers bietet es sich – etwa in Kombination mit Weiß – zur Gestaltung von Bädern an. Weiß-blau findet sich jedoch auch in vielen anderen Bereichen des Haushalts, vom Zwiebelmuster-Service bis hin zum karierten Tischtuch.

Wirken mehr als zwei Farben zusammen, werden die Assoziationen komplexer. Bestimmte Farbkombinationen stehen dann für eine längeren geschichtlichen Abschnitt oder eine geografische Region. So ist der typisch skandinavische Wohnstil durch helle Grau- und Blautöne geprägt, wie sie der Maler Carl Larsson im 19. Jahrhundert in seinen Bildern verewigte. Dagegen verleiht die Mischung aus Pink-, Violett- und Rottönen einem Raum einen orientalischen Touch.

Eine große Rolle spielen persönliche Vorlieben, die oft eng mit Erinnerungen verknüpft sind. Wer sich in seiner Kindheit – meist mehr unbewusst – in einem dezentcremefarbenen Ambiente wohlgefühlt hat, wird als Erwachsener in aller Regel nicht automatisch auf Knallfarben und kräftige Kontraste setzen. Wer sich im Alltag am liebsten in Naturtönen kleidet, wird diese vermutlich auch in seiner Wohnung bevorzugen. Das heißt jedoch keinesfalls, dass Menschen ihren Prägungen ausgeliefert sind. Ganz im Gegenteil: Macht man sich die Wirkung von Farben bewusst, lassen sich diese geplant einsetzen, um der eigenen Wohnung Charakter und Seele zu geben.

FARBEN GEZIELT EINSETZEN

Lassen Sie sich beim farblichen Gestalten Ihrer Wohnung von ein paar Grundregeln leiten – vor allem, wenn Sie noch nicht so viel Erfahrung haben:

- Gehen Sie möglichst nicht Raum für Raum vor, sondern überlegen Sie sich ein Farbkonzept für die ganze Wohnung. Sie wählen zum Beispiel eine durchgängige, dezente Grundfarbe (etwa Weiß, Creme, Beige oder Hellgrau), die die Räume verbindet, und kombinieren für jeden Raum eine intensive Akzentfarbe (etwa Rot, Orange, Violett oder Dunkelblau) dazu.
- Wer lieber raumweise vorgeht, sollte für jedes Zimmer eine Farbkombination wählen, die auf dessen Größe, Nutzung und Einrichtung abgestimmt ist. Dieses Konzept ist das gestalterisch anspruchsvollste.
- Als Grundfarbe für kleinere Räume eignen sich am besten Farben, die viel Licht reflektieren – also Weiß und pastellige Töne – oder Blaunuancen. Pastelltöne erzeugen Ruhe im Raum, ganz oder teilweise in kühlen Farben (zum Beispiel Hellblau) gehaltene Flächen bringen Tiefe hinein. Auch Vanille, Beige und Grüntöne lassen Räume größer wirken. Vermeiden Sie dagegen dunkle Farbtöne als Hintergrundfarbe.
- Beachten Sie die Lage Ihrer Räume. In dunkleren Zimmern, die nach Norden oder Osten gehen, wirken kühle Farben schnell kalt. Gebrochene Weiß- und Cremetöne sind hier die bessere Wahl.
- Unser natürliches Empfinden geht von Räumen aus, die von unten nach oben immer heller werden und dadurch größer wirken. Beachten Sie dieses Prinzip, um kleine Räume nicht optisch zu stauchen.
- Bunte Farben wirken lebendig. Damit Ihre Wohnung nicht zu unruhig wirkt, sollten Sie Farben aus einer Farbskala (siehe Stichwort »Farbpalette«, Seite 46) wählen.
- Sie können sich im Fachhandel fast jeden Farbton mischen lassen. Lassen Sie diesen jedoch nie nur in der künstlichen Beleuchtung des Geschäfts auf sich wirken, sondern immer auch bei Tageslicht – am besten bei sich zu Hause.
- Bevor Sie sich für einen hellen und dezenten Farbton entscheiden, ziehen Sie auch reines Weiß in Betracht: Es ist zum einen ausdrucksstärker, zudem bildet es einen neutralen Hintergrund für andere Farben, passt gut zu Holz und reflektiert mehr Licht.

Tipp: Schwerpunkte schaffen
Das Streichen einzelner Wände oder Wandteile in bestimmten Farben setzt optische Schwerpunkte. Mit Hilfe von Farben lassen sich in offenen Wohnräumen auch unterschiedliche Zonen schaffen, zum Beispiel der Wohn- vom Essbereich abgrenzen.

- Kräftige Farbtöne lassen einen Raum kleiner, aber auch gemütlicher wirken. Beschränken Sie Farbflächen in kleinen Räumen deshalb auf einzelne Wände (»Akzentwände«) oder Wandteile, strecken Sie Wände mit pastellfarbenen Vertikalstreifen oder öffnen Sie den Raum zumindest mit einer hellen Decke nach oben. Wer den Effekt verstärken will, lässt die Wandfarbe 10 bis 20 Zentimeter unterhalb der Decke aufhören und streicht den umlaufenden Wandstreifen in Deckenfarbe.
- Umgekehrt kostet eine dunkle Decke optisch Höhe, dafür weitet sich der Raum.
- Farbflächen wirken weniger dominant, wenn Sie sie mit aufgehängten Bildern oder gerahmten Fotos unterbrechen. Für solche Blickfänge können kräftige Töne einen reizvollen Hintergrund bilden.
- Primärfarben wirken sehr lebendig und passen deshalb vor allem ins Kinderzimmer. Für andere Bereiche sollten Sie eher abgetönte Farben wählen.

Stichwort: Farbpalette

Um zu entscheiden, mit welchen Farben – insbesondere Wandfarben – Sie Ihre Wohnung gestalten wollen, braucht es etwas Mut, einen Blick auf den Farbenkreis und die Entscheidung für eine Farbpalette. Zur Wahl stehen, vereinfacht gesagt, eine tonwertorientierte, eine harmonische oder eine Komplementärfarben-Palette.

Für Anfänger am besten geeignet ist eine **harmonische Farbpalette**: Ihre Farben liegen auf dem Farbkreis nebeneinander, sind also eng verwandt.

Eine tonwertorientierte Palette umfasst verschiedene Schattierungen einer Farbe. Faustregel: Die Decke bekommt den hellsten Ton, die Wände streichen Sie etwas dunkler und Türen, Fußleisten etc. am dunkelsten.

Deutlich kräftiger und ausdrucksstärker wirkt eine **Farbpalette aus Komplementärfarben**. Damit lassen sich Farben miteinander in Beziehung setzen, die sich auf dem Farbkreis gegenüberstehen. Damit es nicht zu intensiv wird, empfiehlt es sich, eine neutrale Wandfarbe dazuzunehmen.

Wer eine andere Auswahl bevorzugt, kann sich auch für kräftige oder gedeckte Farben beziehungsweise Naturtöne entscheiden. Grundsätzlich sollten Sie jedoch nicht mehr als vier Farben pro Raum kombinieren.

AUF FARBQUALITÄT ACHTEN

Heimwerker wissen: Verschiedenen Arten von Farbe besitzen unterschiedliche Eigenschaften. Standard in Innenräumen sind Dispersionsfarben. Daneben gibt es mineralische Farben, wie zum Beispiel Kalk- und Silikatfarben (siehe »Kleiner Einkaufsführer: Wandfarben«).

Wer im Baumarkt oder Fachhandel auf die günstigsten Farben setzt, erlebt oft ein böses Erwachen: Damit diese richtig decken, sind meist mehrere Anstriche nötig. Dann ist der Farbeimer schnell leer und man muss nachkaufen. Neben ihrer geringeren Ergiebigkeit sind billige Farben in der Regel auch weniger lichtbeständig und strapazierfähig. Sparen Sie nicht am falschen Ende: Hochwertige Farben lassen sich leichter streichen und decken besser.

KLEINER EINKAUFSFÜHRER: WANDFARBEN

Mit der Auswahl der gewünschten Farben ist es beim Renovieren nicht getan: Im nächsten Schritt geht es darum, die richtigen Produkte zu kaufen. Doch die Farbeimer im Baumarkt sehen alle ähnlich aus oder sind mit Fachausdrücken übersät. Hier ein paar Entscheidungshilfen:

Kunstharzdispersionsfarbe Der Klassiker schlechthin unter den Wandfarben. Die Farbe lässt sich leicht verarbeiten und haftet gut. Sie lässt sich zudem mit Wasser verdünnen bzw. mit Abtönfarben mischen, bildet eine relativ dicke Farbschicht und deckt daher gut. Dispersionsfarbe riecht kaum, trocknet schnell und ist für alle Innenräume geeignet.

Naturharzdispersionsfarbe Gemisch von in Wasser gelösten Farbpigmenten, die von Naturharzen gebunden werden. Die Farbe ist für alle Innenräume geeignet, enthält jedoch relativ viel Lösemittel und benötigt eine längere Trocknungszeit, während der viele Farben etwas riechen.

Latexfarbe Dispersionsfarbe für besonders beanspruchte Flächen, zum Beispiel in Fluren und Küchen. Latexfarbe ist wasserabweisend, scheuer- und abriebfest sowie sehr strapazierfähig. Sie lässt sich mit Wasser verdünnen und deckt gut. Sie lässt sich problemlos überstreichen (eventuell Oberfläche vorher leicht anschleifen), ist relativ dünnschichtig und erhält dadurch die Struktur der Wandoberfläche.

Dispersionssilikatfarbe verbindet sich mit dem Untergrund und kann auf Kalkputzen, Leichtbeton, Ziegel, Kalksandstein, Naturstein und Raufasertapete verwendet werden. Auf gipshaltigen Untergründen haftet diese Farbe dagegen nicht.

Kalkfarbe enthält Kalk als Farbpigment und Bindemittel. Sie besitzt nur geringe Deckkraft und ist nicht wischfest. Kalkfarbe eignet sich daher nur zum Streichen von Decken und Kellerräumen. Sie enthält weder organische Lösemittel noch Konservierungsmittel.

Leimfarbe enthält als wasserlösliches Bindemittel Leim. Leimfarben bleiben nach dem Trocknen wasserlöslich, sind deshalb leicht abwaschbar, eignen sich aber ausschließlich für Innenräume. Mittlerweile wurden sie durch Dispersionsfarben weitgehend verdrängt.

Kaseinfarbe besteht aus Wasser, Kasein, Kalk und Pigmenten und eignet sich für Innenräume als Wand- und Deckenfarbe. Für Feuchträume ist sie nur bedingt brauchbar.

(Quelle: Umweltbundesamt)

Tipp: Saubere Kanten bei einer mehrfarbigen Wand

Unsaubere oder hinterlaufene Kanten bei mehrfarbigen Wänden lassen sich vermeiden, indem man zunächst den Farbton des Wanduntergrunds gezielt unter das an der Farbkante angebrachte Klebeband streicht. Dadurch wird das meist nicht plan aufliegende Klebeband »dicht«. Bei stärker strukturierten Wänden empfiehlt sich ein zweiter Anstrich, bevor im letzten Schritt die gewünschte Wandfarbe aufgebracht wird. Anschließend Klebeband vorsichtig entfernen – fertig!

Stichwort: Farbeffekte
Farbe mit dem Pinsel oder der Rolle gleichmäßig aufzutragen, ist nur eine Möglichkeit. Interessante Farbeffekte lassen sich erzielen, wenn Sie Farben tupfen, klecksen, wischen oder ziehen. Mit etwas Übung, den richtigen Farben und geeigneten Utensilien (zum Beispiel einer Farbpalette, einer Maserplatte oder einem Schwamm) lassen sich die Oberfläche von Marmor oder die Maserung von Holz imitieren. Das ist zugegebenermaßen eher etwas für Mutige und Erfahrene – wer aber mit kleineren Deko-Objekten beginnt, wagt sich sicherlich bald auch an Wände!

MUSTER SPARSAM EINSETZEN

Ob groß oder klein, streng oder verspielt, bunt, schwarzweiß oder Ton in Ton – die Auswahl an dezenten, spannungsgeladenen, harmonischen, abstrakten und sonstigen Mustern ist nahezu unerschöpflich. Natürlich passen Muster auch zu kleineren Räumen, aber – so viel vorweg – nur in Maßen. Es schadet deshalb nicht klein anzufangen, etwa mit einem gemusterten Druck an der Wand oder einem Lampenschirm.

Stellen Sie sich vor, Sie hätten im Wohnzimmer eine Tapete mit großen Blüten an der Wand. Sehr farbig, sehr dominant, sehr effektvoll. Ihre Gäste sind begeistert. Und Sie? Sie sehen die Blüten jeden Tag und sind bald gelangweilt. Kurzum: Sie haben sich satt gesehen. Damit nicht genug: Große, üppige Muster auf größeren Flächen lassen kleinere Räume schnell vollgestopft und überladen wirken. Mit einem dezenten, geometrischen Muster wäre Ihnen das nicht passiert.

Oberste Regel deshalb: Achten Sie auf das Verhältnis zwischen einfarbigen und gemusterten Flächen. Eine gemusterte Tapete ist bereits ein Statement – bei Einrichtung und Accessoires halten Sie sich mit Mustern dann besser zurück. Oder aber Sie achten darauf, dass sich eine gemeinsame Farbe wie ein – natürlich nicht zwangsläufig roter – Faden durchs Zimmer zieht. So können Sie die Hauptfarbe einer gemusterten Wandfläche in Möblierung und Textilien aufgreifen und für Harmonie sorgen.

Das Ganze funktioniert auch umgekehrt: Gesetzt den Fall, Sie lieben Karos in Naturfarben und besitzen bereits Kissenbezüge und einen Teppich in diesem Muster. Greifen Sie sich beim nächsten Renovieren ein dezentes Braun oder Beige heraus, und küren Sie es zu Ihrer neuen Wandfarbe!

Muster lassen sich natürlich ebenfalls bewusst einsetzen, um Räume höher oder weiter erscheinen zu lassen. Diesen Effekt erreichen Sie etwa durch schmale vertikale Streifen oder Karos an den Wänden. Falls Sie sich für die Streifen entscheiden, können Sie diese woanders aufgreifen und so für Harmonie und Ruhe sorgen. Warum nicht auch gestreifte Hussen oder Kissenbezüge?

Tipp: Gegen den Strich bürsten

An die Auswahl Ihrer Muster gehen Sie besser nicht mit Maßband und Farbskala heran. Erlaubt ist, was gefällt. Entscheidend ist, dass Sie Räumen eine überraschende Note geben, sonst wirkt Ihre Wohnung zu durchgestylt und langweilig. Schaffen Sie deshalb bewusst Blickfänge. So können Sie bei einem besonders dekorativen Accessoire auf eine Knallfarbe setzen. Greifen Sie auch ruhig einmal zu einem ungewöhnlichen Muster und kombinieren Sie es mit anderen Mustern. Einrichten soll in erster Linie Spaß machen – und das sehen dann auch Ihre Gäste.

Wichtig ist nur, dass Sie nicht übers Ziel hinausschießen: Mit breiten Streifen und sehr großen Karos erreichen Sie das genaue Gegenteil. Hinzu kommt: Genau wie kräftige Farben lassen auch allzu auffällige Muster einen Raum kleiner wirken. Hier noch einige weitere **Tipps zu Mustern und Farben:**

- Vermeiden Sie nach Möglichkeit in kleinen Räumen Tapeten mit grafischen Mustern.
- Wollen Sie partout nicht darauf verzichten, wählen Sie ein eher kleines und gleichmäßiges Motiv. Oder aber: Versehen Sie nur eine der Stirnwände mit einer gemusterten Tapete – wählen Sie dann aber am besten eine mit großen Motiven. Vor allem offene Räume gewinnen dadurch an Struktur.
- Wer nicht genug von Mustern bekommt, kann diese auch mischen. Die Hauptsache ist, dass es ein verbindendes Element gibt. Das kann ein wiederkehrendes Motiv sein (zum Beispiel: große Blumen – kleine Blumen) oder aber das Aufnehmen einer oder mehrerer Musterfarben in anderen Einrichtungsgegenständen wie Hussen, Teppichen oder Kissenbezügen.
- Ein besonderer Hingucker sind unterschiedliche Musterarten mit denselben Farben oder zueinander passenden Farbtönen (zum Beispiel Erdfarben). So kann die Tagesdecke auf dem Bett oder Sofa mit Karos gemustert sein, deren Farben die der vertikalen Wandstreifen aufnehmen.
- Muster, die im Wohnzimmer zu dominant wären, können andere Räume erst richtig zum Leben erwecken. Das gilt vor allem für Bereiche wie Bad oder Diele, wo Sie sich vergleichsweise wenig aufhalten.
- Wenn Sie lieber erst noch ein bisschen üben wollen: Setzen Sie zunächst auf gemusterte Kissenbezüge, Tischläufer oder ähnliche Kleinteile. Wenn Sie sich daran satt gesehen haben, lassen sie sich für relativ kleines Geld austauschen.

Effekte schaffen mit Texturen

Starke Farben und allzu lebhafte Muster bewirken in kleinen Räumen oft das Gegenteil dessen, was ihre Bewohner eigentlich im Sinn hatten: So lässt ein kräftiges Rot einem die Wände förmlich entgegenkommen, während große Muster für Unruhe, Beklommenheit oder ein Gefühl der Enge sorgen können. Um Bruchlandungen zu vermeiden, sind ein paar Grundkenntnisse des »Interior Design«, ein ausgeprägter Geschmack und viel Fingerspitzengefühl bei der Umsetzung gefragt. Dasselbe lässt sich von Texturen sagen: Richtig eingesetzt und kombiniert eignen sie sich hervorragend, um Kontraste zu schaffen und Akzente zu setzen.

MUT ZUM KOMBINIEREN

Unter einer Textur verstehen Einrichtungsexperten die strukturierte Oberfläche eines Gegenstands. »Strukturiert« kann praktisch alles bedeuten: harter Kunststoff oder weiches Textil, die Oberfläche von Strukturputz oder die dekorative Musterung von Holz, Fliesen und Naturstein. Hauptsache, die verwendeten Materialien sprechen Ihre Sinne an – indem sie Sie etwa zum Darüberstreichen oder Immer-wieder-Hinschauen verführen.

Die Wirkung von Texturen liegt aber auch – und vor allem – im Zusammenspiel unterschiedlicher, gegensätzlicher und auf den ersten Blick unvereinbarer Materialien. Probieren Sie einmal aus, welche spannungsreichen Gegensätze sich allein durch das Kombinieren glänzender, harter, vom Gefühl her distanzierender Oberflächen mit samtig-weichen, zum Berühren einladenden Stoffen erzielen lassen! Tun Sie sich keinen Zwang an: Kreuzen Sie kühle Seide mit warmer Wolle, flauschiges Fell mit glattem Satin, hartes Metall mit weichem Samt. Und überhaupt: Warum müssen Sessel und Sofa identisch gepolstert sein, warum alle Stühle am Esstisch aus demselben Holz?

Eine Regel funktioniert fast immer: Harte Oberflächen aus Stein, Stahl, Beton oder Ziegeln wirken viel lebendiger, wenn sie mit weichen Materialien wie Samt, Wolle oder Webpelz kontrastiert werden.

Tipp: Naturstoffe wählen

Stehen Sie vor der Wahl, ob Sie einen Kissenbezug aus synthetischem Material oder Baumwolle kaufen sollen, setzen Sie besser auf Baumwolle. Dieses Prinzip können Sie ruhig verallgemeinern. Viele Naturstoffe – darunter Holz, Marmor und Eisen – bekommen mit der Zeit dekorative Gebrauchsspuren, die ihren Reiz noch erhöhen. Außerdem fühlen sich Kissen, Decken und Polster aus Baumwolle, Wolle oder Leinen besser an als Stoffe aus Synthetik.

Doch das ist längst nicht das Ende der Fahnenstange: Schaffen Sie sich Ihre Texturen doch einfach selbst! Haben Sie schon einmal beobachtet, wie sich Oberflächen verändern, wenn sie unterschiedlich beleuchtet werden? Spielen Sie doch einfach mit Lichteffekten, mit Reflexionen und Farbwechseln! Durch das immer wieder neue Ausrichten von Leuchten kann nichts kaputtgehen – alles, was es braucht, sind möglichst viel Enthusiasmus und ein wenig Geduld.

Dasselbe gilt für den Wechsel von glänzenden, seidenmatten und matten Oberflächen. Diese können Sie selbst gestalten – mit Farben, Lacken und Lasuren. Wer darüber hinaus unverputzte Ziegelwände oder freiliegende Holzbalken in seiner Wohnung hat, kann sich einzigartige und unverwechselbare »Textur-Welten« schaffen. Verchromte Armaturen und knallbunte Kacheln, nacktes Mauerwerk und zarte Spitzengardinen, Linoleumfußboden und abgeschabte Polstersessel – nichts ist unmöglich.

Tipp: Reflexionen erwünscht

Stark reflektierende Materialien wie Glas oder Edelstahl spiegeln das Licht ebenso wie lackierte oder polierte Oberflächen. Dagegen wird es von matten Oberflächen diffus gestreut und geradezu verschluckt. Das sollten Sie beachten, wenn Sie unterschiedlich helle Räume gestalten.

Seitenblick: Caravan

Urlaub mit dem Caravan – für viele der Inbegriff von Freiheit. Man bereist die Welt und fühlt sich doch wie zu Hause. Praktische Raumsparkonzepte und ästhetische Ansprüche unter einen Hut zu bekommen, ist das tägliche Brot von Herstellern wie der Firma Hymer. In ihre neuen Modelle haben die Experten aus dem Allgäu viele clevere Lösungen gepackt.

RÄUME OPTIMAL NUTZEN – 6 TOP-IDEEN:

1 **Flexibler Lattenrost:** Der Nachttisch am Kopfende besitzt einen Griff, an dem sich ein weiterer Roll-Lattenrost herausziehen lässt. Dieser macht aus den beiden jeweils zwei Meter langen Einzelbetten ein breites Doppel- oder sogar Dreifachbett. Ein passgenaues Matratzenteil ist natürlich mit an Bord.

2 **Absenkbarer Tisch:** Der Teleskoptisch vor der Rundsitzgruppe lässt sich bei Bedarf absenken. Mit den Polstern der Sitzgruppe schaffen die Reisenden dann im »Puzzle-Verfahren« eine ebene Liegefläche. Diese kann zum Beispiel als Schlafmöglichkeit für Kinder oder Gäste dienen.

3 **Rundsitzgruppe:** Die Sitzkastendeckel der Rundbank lassen sich hochklappen und bieten darunter weiteren Stauraum für Getränkekisten, Wanderschuhe und vieles andere.

4 **Dachstauschränke:** Wie im Flugzeug befinden sich auch in den Wohnwagen-Modellen über Kopf angebrachte Stauschränke, die zusätzlich zum deckenhohen Kleiderschrank größere Wäschestücke aufnehmen können. Unterhalb eines Teiles der Stauschränke verläuft ein Ablagebord für kleinere Utensilien wie Brille, Handy und Autoschlüssel (hier nicht im Bild).

5 **Kompaktküche:** Die Küchenzeile besteht aus einem Kühlschrank mit 146 Litern Volumen, einem Herd mit einem Gas- und drei Elektrokochfeldern samt Backofen, der Spüle sowie mehreren stabilen Schubladen. Die Schublade im Kleiderschrank direkt über der Heizung (rechts im Bild) besitzt einen gelochten Boden und eignet sich zum Trocknen nasser Kleidung.

6 **Komfortbad:** Das Eckwaschbecken spart Platz. In der Toilette lässt sich mit Hilfe einer Klappwand ein abtrennbarer Duschbereich unterbringen. Hinzu kommen großzügig bemessene Schränke und Ablagen mit Herausfallschutz.

TIPPS VOM EXPERTEN:

- Achten Sie in kleineren Räumen neben Stauraum auf **ausreichend Ablageflächen**, damit Dinge des täglichen Bedarfs ihren Platz haben und Sie nicht ständig nach ihnen suchen müssen. Gute Lösungen sind etwa Wandborde und kleine Regale.

- Schaffen Sie sich Bewegungsfreiheit. Überlegen Sie, wo in Ihrer Wohnung **oft benutzte Wege** entlangführen. Müssen Sie ständig um einen Sessel herumlaufen, der Ihnen im Weg steht, oder stoßen Sie sich immer wieder am selben Tischbein, sollten Sie möglicherweise die Anordnung der Möbel verändern.

- Achten Sie darauf, das einfallende **Tageslicht optimal zu nutzen**. Enge Räume wirken dadurch größer und freundlicher. Eigentümer können die Lichtausbeute durch den Einbau großzügiger Fenster und Dachflächenfenster erhöhen. Mieter können in Absprache mit dem Vermieter eventuell Schiebetüren aus Glas einbauen lassen oder störende Türblätter einfach aushängen.

- Setzen Sie in einer kleinen Küche schon bei der Planung auf **platzsparende Haushaltsgeräte** wie Herd und Geschirrspüler. Ist das nicht mehr möglich, suchen Sie zumindest beim Kauf von Kleingeräten wie Kaffeevollautomat oder Küchenmaschine gezielt nach platzsparenden Modellen.

- Intelligent wohnen bedeutet, **Räume mehrfach zu nutzen**. Denken Sie beim Kauf einer Sitzgruppe fürs Wohnzimmer an Schlafmöglichkeiten für Gäste oder überlegen Sie sich, ob in Ihr Badezimmer vielleicht sogar eine Minisauna passt.

Rudi Fimpel leitet den Geschäftsbereich Eriba Caravan der Hymer AG. Er ist stolz darauf, dass das für die neuen Modelle entwickelte »raum+system« auf derselben Grundfläche für sichtbar mehr Komfort und Platz sorgt als bei den älteren Campinganhängern.

1

2

3

4

5

6

BLO

SCHAFFEN SIE SICH FREIRÄUME!

AUSSTATTEN UND EINRICHTEN

Selbst der geschickteste Inneneinrichter kann aus einem kleinen Raum keinen großen machen: Möbel brauchen nun einmal Platz. Doch durch geschicktes Auswählen und Platzieren können Sie Ihr Zuhause offen und geräumig erscheinen lassen.

Raumempfinden und Proportionen

Mittlerweile haben Sie Ihren Wohn- und Lebensstil erkundet und Grundriss-Skizzen der unterschiedlichen Bereiche Ihrer Wohnung angefertigt. Vielleicht haben Sie sich sogar entschieden, Ihre Wohnung – oder einzelne Zimmer – zu renovieren, haben sich mit Farben, Mustern und Texturen befasst und kennen die architektonischen Problemzonen Ihrer Räumlichkeiten.

UMRÄUMEN ODER AUSTAUSCHEN?

Man könnte auch sagen: Die Vorarbeit ist geleistet. Jetzt heißt es, die Einrichtung ins Visier zu nehmen. Zu Beginn stellt sich die Frage: Wollen Sie vorhandene Möbel neu arrangieren, sich dadurch neue Perspektiven eröffnen und die Wohnung besser auf Ihre Bedürfnisse zuschneiden? Oder liebäugeln Sie eher damit, sich schrittweise ganz neu einzurichten?

In beiden Fällen sollten Sie sich vorher damit vertraut machen, wie kleine Räume am besten wirken und was beim Einrichten zu beachten ist. **Hier die wichtigsten Grundsätze:**

- **Räume eher füllen als leer lassen.** So lange Sie sich auf eine begrenzte Zahl an Möbeln konzentrieren, funktional gestaltet und sinnvoll angeordnet, sieht der Raum nicht überladen aus. Verzichten Sie aber auf zu viele freistehende und voluminöse Möbel.
- **Weg mit Hindernissen!** Blockieren Sie oft benutzte Laufwege durch den Raum nicht mit Möbeln.
- **»Keep it simple.«** Im Vordergrund sollten klare Formen und Linien ohne Schnörkel und störende Details stehen. Der eine oder andere verspielte Kontrast wirkt dann umso reizvoller.
- **Luft lassen.** Freie Bodenflächen lassen auch kleine Räume großzügig wirken. Insofern eignen sich zum Beispiel Möbel auf Standfüßen – und erst recht solche, die an der Wand hängen – besser als Möbel, die mit ihrer Grundfläche den Boden bedecken. Luftig wirken auch schlanke und leichte sowie (halb-)transparente Möbel aus Glas, Plexiglas oder Stahlgeflecht.

- **Höhe ausnutzen.** Sind Länge und/oder Breite eines Raumes stark begrenzt, geht's ab in die dritte Dimension. So bieten nicht zu tiefe, deckenhohe Regale und Schränke jede Menge Stauraum, ohne übermäßig viel Stellfläche zu beanspruchen.
- **Mit dem Raum arbeiten.** Beachten Sie die konkreten Gegebenheiten. So passt etwa zu einer Neubauwohnung mit schmucklosen Räumen und niedrigen Decken ein reduzierter Stil erheblich besser als verschnörkelte Stilmöbel und opulente Kronleuchter.

PROPORTIONEN IN EINKLANG BRINGEN

So lange der Platz ausreicht, können Sie in Ihre Wohnung theoretisch alles überall hinstellen. Doch die Freiheit hat praktische und ästhetische Grenzen: Wer die Tür seines riesigen Kleiderschranks kaum aufbekommt oder sein King-Size-Bett so platziert, dass er es nur über das Fußende erreichen kann, macht sich das Leben unnötig schwer. Mehr noch: Riesige Möbel in kleinen Räumen lassen keine Atmosphäre aufkommen. Diese Räume wirken dann noch enger und erdrücken ihre Bewohner förmlich. Wohlfühlen? Kaum möglich.

Dennoch brauchen Sie Platz für das eine oder andere größere Möbelstück. Nicht nur, dass Wohnungen mit lauter winzigen Möbeln fatal an Puppenstuben erinnern. Es ist auch nicht jedermanns Sache, zu zweit in einem 1,40 Meter breiten Doppelbett zu schlafen, auf kleinen Stühlen an einem schmalen Esstisch zu sitzen oder sich beim Fernsehen als dritte Person auf einen kompakten Dreisitzer zu quetschen. Es heißt also abzuwägen. Überlegen Sie sich deshalb, bei welchen Möbeln Sie Kompromisse machen wollen – das bedeutet meist auch Abstriche in Sachen Komfort und Funktionalität – und bei welchen nicht. Ein schöner, je nach Geschmack auch dramatischer Mix zwischen Groß und Klein, Hoch und Niedrig macht einen Raum erst spannend.

Übrigens: Auf Möbel weitgehend verzichten zu wollen ist nicht nur unter praktischen Gesichtspunkten Unsinn. Auch optisch führt übertriebener Minimalismus in eine Sackgasse: Je leerer kleine Räume sind, desto eher wirken sie wie eine Kloster- oder Gefängniszelle.

Mancher meint stattdessen, er müsse Stühle, Tische, Schränke und Regale möglichst nah an die Wände schieben, um Freiraum in der Zimmermitte zu schaffen. Kein Wunder, dass das Ganze dann platt und spießig wirkt. Oder wollen Sie sich zu Hause fühlen wie im Wartezimmer Ihres Hausarztes? Wenig ratsam ist auch das Zusammenballen von Möbeln in Raumecken – der Raum bekommt dadurch eine optische Schlagseite und wirkt unharmonisch.

Wie Sie es auch drehen: Damit Sie sich wirklich wohlfühlen, müssen Sie die Proportionen von Raum und Einrichtungsgegenständen aufeinander abstimmen, zum »Raum-Komponisten« werden. Wichtig: Jedes Möbelstück, jeder Einrichtungsgegenstand besitzt eigene Proportionen. Wer auch diese beachtet, ist auf dem besten Weg zu Ausgewogenheit und Harmonie.

Harmonisch Sehr ausgewogen und aufeinander abgestimmt wirkt diese Kombination aus Sitzgruppe und Highboard. Dessen verglaste Türen lassen den keineswegs leeren Raum zudem großzügiger wirken.

»TOTE« FLÄCHEN NUTZEN

In jeder Wohnung – auch in der kleinsten – gibt es Stellen, die nicht optimal oder gar nicht genutzt werden. Sei es die Nische, die im Lauf der Zeit zur Ramschecke mutiert ist, der große Eingangsbereich, in dem genug Platz für eine Sitzecke wäre, oder der schmale, lange Flur mit seinen kahlen, weißen Wänden.

Überlegen Sie sich doch einmal, ob und wie Sie diese »toten« Räume zum Leben erwecken können. Wäre es nicht möglich, auf dem großen Treppenabsatz ein Bücherregal, einen Kleiderschrank oder sogar einen kompakten Schreibtisch zu installieren? Ließe sich unter der Treppe oder im Eingangsbereich nicht ein Aufbewahrungssystem mit jeder Menge Stauraum einbauen?

Neues Leben in der Nische Ein maßgefertigter Schrank (Bild oben) hilft, jeden Zentimeter Raum auszunutzen. Er lässt Handtücher und Putzmittel verschwinden. In der Nische am Ende dieses Flures (Bild rechts) entstand mit Hilfe schlichter Wandborde ein voll ausgestatteter Arbeitsplatz.

Ideensammlung: Ungenutzte Flächen

➧ Welche zusätzlich nutzbaren Flächen (zum Beispiel Nischen, Vorsprünge, Wand- und Bodenflächen) gibt es in Ihrer Wohnung?

1.

2.

3.

4.

5.

6.

➧ Welche Nutzung käme für diese in Frage?

1.

2.

3.

4.

5.

6.

➧ Welche Möbel und Accessoires sind dafür nötig?

1.

2.

3.

4.

5.

6.

...

Neues Leben für alte Möbel

Nicht jeder ist der geborene Heimwerker und in der Lage, gebrauchte Möbel fachgerecht aufzuarbeiten – geschweige denn, sich ein Bett oder ein Regal selbst zu bauen. Das ist auch gar nicht nötig. Mit etwas Kreativität und Mut können Sie alten Möbeln eine zweite Chance geben und sie in neuem Glanz erstrahlen lassen – indem Sie ihnen einen neuen Stellplatz spendieren oder sie mit wenigen Handgriffen flexibler, praktischer oder einfach nur schöner machen.

MÖBEL NEU ANORDNEN

Ihnen gefallen Ihre Möbel nicht mehr? Das kann schon mal vorkommen – liegt aber nicht immer an den Möbeln. Oft stehen sie nur falsch. Deshalb sollten Sie diesen Punkt auf jeden Fall unter die Lupe nehmen, bevor Sie sich etwas Neues kaufen. Einfache Regel: Wenn ein Möbelstück schon nicht dort steht, wo es unter praktischen Erwägungen hingehört, dann sollte sein Standort wenigstens ästhetisch ansprechend (oder einigermaßen repräsentativ) sein.

Machen Sie ruhig einmal die Probe aufs Exempel: Geht Ihnen noch immer das Herz auf, wenn Sie auf die Wohnzimmer-Vitrine mit dem guten Porzellan schauen – oder überwiegt mittlerweile der Widerwille dagegen, Schüsseln, Schalen und Platten vor jedem Essen in die Küche tragen zu müssen? Schauen Sie vom Sofa aus gern auf den massiven Esstisch im Erker – auch wenn Sie sich beim Hinsetzen auf Ihren Stuhl quetschen müssen? Und strahlt das Bücherregal in Ihrem Rücken wirklich die gewünschte Ruhe aus – oder haben Sie in Wahrheit Angst davor, dass es umkippt und Sie unter sich begräbt?

Sind Einrichtungsgegenstände an ihrem aktuellen Standort weder funktional noch schön anzusehen, wird es Zeit, sie neu zu arrangieren. Doch Vorsicht vor Hauruck-Aktionen! Das planlose Verrücken von Möbelstücken, Verschieben von Teppichen und Umhängen von Bildern kann unerwünschte Kettenreaktionen auslösen. Die folgende Checkliste hilft, diese zu vermeiden:

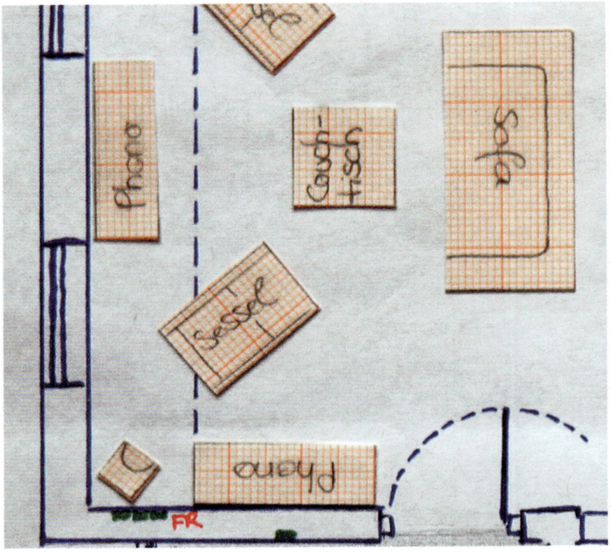

Umräumen mit Köpfchen

- Besitzen Sie noch Einrichtungsgegenstände, die nicht zu Ihrem Einrichtungskonzept passen, bei denen Sie sich aber aus verschiedenen Gründen scheuen, sie auszusortieren? ◯ Ja ◯ Nein

  Trennen Sie sich konsequent von überflüssigen Sachen. Das gilt auch für antike Erbstücke, die in einem modernen Ambiente wie Fremdkörper wirken. Sie müssen sie ja nicht gleich verkaufen, aber lagern Sie sie zumindest aus.
  Alternative für Fortgeschrittene: Machen Sie den Kontrast »alt/neu« zum Konzept und stimmen Sie die Einrichtung sorgfältig darauf ab.

- Stehen fast alle Möbelstücke an den Wänden und klafft in der Raummitte ein Loch? ◯ Ja ◯ Nein

  Rücken Sie zumindest einige Möbel etwas in den Raum hinein oder stellen Sie sie leicht schräg auf. Das wirkt dynamischer und interessanter.

- Versperren Möbel oft genutzte Laufwege oder ragen in diese hinein? ◯ Ja ◯ Nein

  Verrücken Sie die betreffenden Möbel so, dass sie keine Hindernisse mehr darstellen. Manchmal reichen schon ein paar Zentimeter.

- Sind Möbel so angeordnet, dass keine Abwechslung in Größe und Höhe sichtbar wird? ○ Ja ○ Nein

  Schaffen Sie einen lebhafteren Rhythmus, indem Sie die Möbel stärker »mischen«. Wer mag, kann dieses Prinzip auch auf Farben und Texturen übertragen.

- Würden die zu verrückenden Möbel an ihrem neuen Stellplatz jeweils andere Möbelstücke verdrängen? ○ Ja ○ Nein

  Legen Sie vorab mit Hilfe eines Grundrisses und maßstabsgetreuer Modelle Ihrer Möbel (siehe Seite 60) detailliert fest, welche Stücke an welche Stelle sollen. Prüfen Sie, ob sie sich dort problemlos aufstellen lassen oder etwa Steckdosen und Lichtschalter verdecken. Planen Sie realistisch und beachten Sie neben der reinen Stellfläche auch Flächen rund um die Möbel, die als Bewegungsräume erforderlich sind. Beziehen Sie auch geplante Neukäufe ein!

- Ist damit zu rechnen, dass die umgeräumten Gegenstände Spuren an Wänden und/oder Böden hinterlassen? ○ Ja ○ Nein

  Klären Sie, in welchem Ausmaß Renovierungsarbeiten anstehen und planen Sie diese ein – am besten, bevor Möbel, Bilder & Co. ihre neuen Plätze beziehen.

MÖBEL FUNKTIONAL AUFRÜSTEN

Nicht immer ist es mit der Wahl eines neuen Stellplatzes getan: Manche Möbel sind nun mal nicht wirklich praktisch. Das ist auf begrenzter Fläche besonders fatal – lässt sich jedoch oft beheben. Wenn Ihr Kleiderschrank schon kein bis ins Detail durchdachtes Raumwunder ist (was ein großer Vorteil wäre), sollte er sich wenigstens ein wenig »pimpen« lassen. Was spricht dagegen, ihn nachträglich mit ein paar Ordnungshelfern auszustatten, die den verfügbaren Platz optimal nutzen? Dazu gehören etwa Schubladeneinsätze zum Verstauen von Unterwäsche und Socken, Krawatten- oder Gürtelhalter sowie Hängegarderoben für die Innenseite der Schranktür und Gitterkörbe, die sich unter Regalböden einhängen lassen.

Neben solchen rein funktionalen Lösungen gibt es ungezählte Möglichkeiten, das Kreative und Überraschende mit dem Nützlichen zu verbinden: Haben Sie schon einmal daran gedacht, die alte Holzkommode im Flur abzuschleifen, mit Tafellack zu streichen und so zum Blickfang inklusive Schwarzem Brett aufzupeppen? Oder wie wäre es, auf dem Boden stehende Schränkchen, Tischchen oder Hocker zu mobilen Begleitern aufzuwerten, indem Sie sie mit Rollen versehen?

Tipp: Inspirationsquelle Wohnblogs
Neben Möbel- und Dekotrends liefern Wohnblogs im Internet jede Menge kreative Anregungen rund ums Thema Einrichten – eine Fundgrube nicht zuletzt für Bewohner kleiner Wohnungen. Die Palette reicht von virtuellen Führungen durch die Wohnungen anderer Leute bis zu Do-It-Yourself-Tipps. Nicht wundern, wenn Ihnen auffällig viele Produkttipps begegnen: Von Herstellerfirmen bezahlte Posts sind in Wohnblogs nicht unüblich. Gute Blogger legen dies allerdings offen. Folgende Adressen lohnen zumindest eine Stippvisite:

- www.solebich.de
- 23qmstil.blogspot.de
- www.stylinrooms.de
- www.freundevonfreunden.com (englisch)
- www.ikeahackers.net (englisch)
- kleinraumwohnung.com

Auch beim »Umwidmen« von Möbeln sind die Möglichkeiten fast unbegrenzt: Schon mancher über Jahre im Keller geparkte Klapptisch kam als Schreib- oder Esstisch zu neuen Ehren, und warum sollte aus dem alten Beistelltisch nicht ein cooler Fußhocker werden? Trauen Sie sich, um die Ecke zu denken und probieren Sie Ihre Ideen am besten gleich aus.

MÖBEL OPTISCH AUFPEPPEN

Sinnvoll platzierte, funktionale und flexibel nutzbare Möbel – das klingt gut, ist aber längst nicht alles. Wo ist der Überraschungseffekt, der starke Kontrast, die persönliche Note? Möbel sind im besten Fall viel mehr als Gebrauchsgegenstände, nämlich individuelle Einzelstücke. Sind sie das nicht von sich aus, machen Sie sie dazu! Um Kaufhausmöbel und Flohmarktfunde optisch zu verschönern, bedarf es keiner Wunderdinge: Mit Enthusiasmus und Kreativität machen Sie Ihr Interieur unverwechselbar und zeigen Ihre Persönlichkeit.

Hier ein paar Anregungen:

- Viele alte Polstermöbel verändern durch neue Bezüge ihren Charakter. Da diese Arbeit nur ein Profi vornehmen kann und entsprechend kostet, sollten Sie Farben und Muster wählen, die den Sessel oder die Couchgarnitur zu einem echten Blickfang machen.
- Streichen Sie alte Kommoden oder Schränkchen mit Tafellack und geben Sie ihnen dann mit Kreide immer wieder ein neues Aussehen. Genauso können Sie die Oberfläche eines Tischchens lackieren und danach ein Schach- oder Mensch-ärgere-dich-nicht-Spielfeld aufmalen – oder einfach den Einkaufszettel notieren. Tafellack gibt es mittlerweile in vielen Farben. Übrigens: Er eignet sich für Oberflächen aus Holz, Metall oder Kunststoff, Tafelfarbe eher für Wände. Achten Sie beim Kauf auf die Herstellerangaben. Eine gute Alternative für kleinere Flächen ist Tafelfolie, die sich schnell wieder entfernen lässt.
- Mit Sprühlack lassen sich etwa ein langweiliger Sekretär (siehe Bild rechts) oder alte Holzstühle umfärben – entweder vollflächig oder als Muster. Wer es glamourös mag, sprüht einzelne Stücke in Gold oder Silber an.
- Auch mit selbstklebenden Wandtattoos können Sie fade Möbel, etwa einen einfarbigen Couchtisch oder die Front einer ausgedienten Wickelkommode verschönern. Extra-Tipp: Ist das Tattoo aus Papier, empfiehlt sich ein Finish mit Klarlack.
- Tapetenreste mit ausgefallenen Dessins eignen sich prima, um etwa Tischplatten zu »pimpen«: Einfach Muster in der passenden Größe ausschneiden und mit Tapetenkleister aufkleben.
- Ein farbloses Regal erwacht zu neuem Leben mit einer »Bauchbinde« aus gespanntem Stoff – am besten mit extravagantem Muster. Cleverer Nebeneffekt: Eine solche Schärpe lässt sich mit wenigen Handgriffen in der Höhe verschieben und verdeckt so auf elegante Weise unaufgeräumte Regalfächer.

Tipp: Griffe und Knäufe ersetzen
Gebrauchte Möbel bekommen einen überraschend neuen Look, wenn Sie ihnen neue Griffe oder Knäufe verpassen. Ein Fundgrube dafür sind Flohmärkte, doch auch Möbelhäuser und Baumärkte haben eine breite Palette im Angebot. So veredeln Knäufe aus hochwertigem Porzellan eine alte Holzkommode im Handumdrehen zu einem schicken Designerstück.

08

Möbel für kleine Räume

Selbst mit den kreativsten Ideen lässt sich aus zwei Sesseln kein kompakter Zweisitzer machen, aus einer sperrigen Futonmatratze kein Schlafsofa mit jeder Menge Stauraum und aus einem wuchtigen Schreibtisch kein flexibler Arbeitsplatz. Stehen Möbel vor allem im Weg herum und blockieren wertvollen Platz, ist es an der Zeit, sich nach Alternativen umzusehen.

Das gilt erst recht, wenn Sie Lücken in der Möblierung füllen müssen, weil Sie etwa zu wenige Stühle besitzen oder der Stauraum für Bücher, Kleidung und Küchenutensilien einfach nicht ausreicht. Ist der Raum begrenzt, sind Möbel und andere Einrichtungsgegenstände gefragt, die:

- aufgrund ihres Aussehens (etwa Form, Farbe) und/oder
- wegen ihrer Gebrauchseigenschaften in diesem Raum passen.

Beide Kriterien sollten Sie im Blick haben, wenn Sie sich auf die Suche nach Mobiliar machen. Andererseits – warum eigentlich suchen? Bevor Sie anfangen, durch Möbelhäuser zu streifen und dicke Versandhauskataloge sowie Internetangebote wälzen, sollte sich sich überlegen, ob eine Einbaulösung nicht die bessere Variante ist.

MASSENWARE ODER MASSANFERTIGUNG?

Insbesondere beim Thema Stauraum sollten Sie Einbauten unbedingt in Erwägung ziehen. Dies gilt vor allem, wenn Sie ungenutzte Flächen erschließen wollen – sei es der Raum unter der Treppe oder die Nische im Flur. In vielen Fällen kommen Sie ohne Maßanfertigungen nicht weiter. Gegenüber Einbausystemen von der Stange haben sie den unschlagbaren Vorteil, dass sie sich den baulichen Gegebenheiten der Wohnung perfekt anpassen lassen. Auch wenn das maßgefertigte Bücherregal deutlich mehr kostet als die Standardware aus dem Möbelhaus: Sie werden sich später zu dieser Entscheidung beglückwünschen.

Stichwort: Einbauten
Möbel, die nicht frei im Raum stehen, sondern möglichst exakt an architektonische Gegebenheiten und/oder andere Teile der Einrichtung angepasst werden, bezeichnet man als Einbauten. Klassisches Beispiel sind Einbauküchen mit ihren Schränken, Regalen und Haushaltsgeräten (Kühlschrank, Geschirrspüler etc.). Während der Einbau hier in der Regel zum Lieferumfang des Kaufvertrags gehört, muss der Kunde maßgefertigte Einbauten wie etwa ein Bücherregal oder einen begehbaren Kleiderschrank selbst bei einem Tischler in Auftrag geben.

Durch Einbauten werden Räume zudem flexibler. So lassen sich Klappbetten, Tische und sogar ganze Küchen in eine Schrankwand integrieren. Werden sie nicht gebraucht, verschwinden sie einfach hinter einer Tür, und der Raum lässt sich problemlos anderweitig nutzen.

Egal ob von der Stange oder maßgefertigt: Den Einsatz eines Einbausystems sollten Sie gut planen. Überlegen Sie sich zuerst, was Sie unterbringen wollen – und wie viel Platz Sie dafür brauchen. Falls möglich, seien Sie ruhig etwas großzügiger, damit auch künftige Anschaffungen Platz haben. Faustregel: Think big. Denken Sie so groß wie möglich. Planen Sie Regale bis zur Decke oder nutzen Sie die gesamte Wand für Einbauschränke. Das schafft nicht nur Platz, sondern kommt auch der Wirkung des Raumes zugute, weil der leere Platz neben oder über kleineren Schränken Räume oft sogar noch kleiner wirken lässt.

Zeichnen Sie sich dann – falls nicht bereits vorhanden – einen Grundriss aller Räume, in denen Sie Einbauten planen. Markieren Sie die entsprechenden Stellen und tragen Sie deren Maße ein. Fertigen Sie dann Skizzen an, aus denen hervorgeht, wie Sie sich die einzelnen Einbauten vorstellen. Anregungen dazu können sie sich in Einrichtungskatalogen, Wohnzeitschriften und Büchern holen.

UM- UND EINBAUTEN DURCH MIETER

Laut Gesetz hat der Vermieter Anspruch auf Rückgabe der Wohnung im ursprünglichen Zustand – zumindest so lange nichts Anderes vereinbart ist. Mieter, die Zwischendecken oder -wände einziehen, eine zusätzliche Dusche einbauen, Parkett verlegen oder die Wohnung behindertengerecht ausstatten wollen, müssen in aller Regel die Zustimmung des Vermieters einholen.

Ohne dessen Einverständnis verboten sind insbesondere größere bauliche Veränderungen, die mit Stemm- und Maurerarbeiten verbunden sind. Dazu gehören Wanddurchbrüche, das Einziehen neuer Wände oder Zwischendecken sowie der Einbau einer Etagenheizung, eines Bades oder neuer Fenster.

Zustimmen muss der Vermieter nur, wenn es um die behindertengerechte oder barrierefreie Ausgestaltung der Wohnung oder des Hauses geht. Will der Mieter etwa einen Treppenlift einbauen lassen, Türdurchgänge verbreitern oder ein behindertengerechtes Bad installieren, kann der Vermieter sich in aller Regel nicht querstellen – sonst aber schon.

Ohne Weiteres erlaubt sind nur Umbauten, die keinen erheblichen Eingriff in die Bausubstanz des Gebäudes mit sich bringen und sich am Ende des Mietverhältnisses leicht wieder beseitigen lassen. So darf der Mieter ein neues Türschloss einbauen, ein Hochbett oder eine Einbauküche aufstellen, Waschbecken oder Toilette austauschen bzw. eine zusätzliche Steckdose oder einen Türspion einbauen. Doch ob er nun mit oder ohne Zustimmung investiert hat – beim Auszug muss der Mieter grundsätzlich alles wieder rückgängig machen.

(Quelle: Deutscher Mieterbund)

Tipp: Blickfänge(r) inszenieren
Möbel für kleine Räume zu kaufen, erfordert gute Vorbereitung. Messen Sie den Stellplatz vor dem Kauf genau aus. Was Farbe und Musterung von Polstern und Bezügen angeht, empfiehlt es sich, zunächst mit Stoffproben zu experimentieren.
Extra-Tipp: Gönnen Sie sich ein paar Lieblingsstücke, an denen Sie Freude haben. Das kann die weinrote Samt-Chaiselongue aus der Designer-Boutique sein – aber auch die antike Kommode vom Flohmarkt.

STAURAUM SCHAFFEN

Was Stauraum Wert ist, merkt man vor allem, wenn man ihn nicht hat. Denn dann liegen Sachen in der Gegend herum und lassen einen Raum eng und vollgestopft wirken. Faustregel: Es ist immer besser, einen größeren Teil der Wohnfläche für Stauraum zu reservieren, als mit Möglichkeiten der Aufbewahrung zu knausern.

Wer über genügend Stauraum verfügt, bringt nicht nur seine Habseligkeiten leichter unter – er kann den betreffenden Raum auch flexibler nutzen, etwa das Wohnzimmer mit wenigen Handgriffen zum Schlafplatz für Gäste machen.

Mehr Stauraum lässt sich auf drei verschiedenen Wegen schaffen, nämlich:

- **mit in die Innenarchitektur integrierten Elementen,** zum Beispiel einer Wand mit eingebauten Regalfächern oder einem hinter der Wand verborgenen Kleiderschrank. Bei dieser Variante bietet es sich an, architektonische Besonderheiten zu nutzen und etwa eine Nische mit einer Kleiderstange, Treppenstufen mit Schubladen oder den Raum unter der Dachschräge mit einem Schrank auszustatten.
- **mit nachträglich installierten Elementen** wie an der Wand befestigten Regalen oder Schränken
- **mit frei stehenden, beweglichen Elementen,** zum Beispiel Containern, Garderoben oder Schubladenelementen auf Rollen, die dadurch größtmögliche Flexibilität bieten.

Alle drei Varianten existieren sowohl in offener als auch geschlossener Ausführung.

Zudem stellt jeder Bereich der Wohnung eigene Anforderungen an Stauraum. So geht es in der Küche vor allem darum, einen leichten und schnellen Zugang zu gewährleisten und oft benutzte Utensilien in Reichweite zu verstauen. Da die Küche zudem oft von angrenzenden Bereichen einsehbar ist, bieten sich geschlossene Varianten, etwa mit einer Tür oder einem Rollo, an, um eventuelle Unordnung zu verbergen.

Dagegen geht es etwa im Wohnzimmer darum, eine gelungene Balance zwischen dem Verbergen und Präsentieren von Gegenständen zu finden (siehe oben). So ist es kein Problem, umfangreiche CD- und Büchersammlungen hinter Stoffrollos, Wandschirmen oder Schiebetüren so zu verbergen, das sie trotzdem leicht zugänglich sind – während dekorative Reisesouvenirs in einer Vitrine oder frei im Raum ausgestellt werden.

Extra-Tipp für Kreative: Spannende Aufbewahrungslösungen finden Sie auch im professionellen Bereich, also bei Ausstattern für Einzelhandel, Gastrobereich, Krankenhäuser oder Büros.

Tipp: Perfekt präsentieren

Alles, was in Ihrer Wohnung zu sehen ist, sollte entweder häufig in Gebrauch oder besonders schön sein. Als Präsentationsflächen eignen sich sowohl bauliche Gegebenheiten wie Simse, Nischen und Vorsprünge als auch Möbel wie Tische, Sideboards und Vitrinen. Stellen Sie entweder einzelne Objekte aus oder Gruppen von Dingen, die aufgrund ihres Aussehens, ihrer Farbe oder Funktion zusammenpassen. Lassen Sie jedem Stück genügend Raum um wirken zu können und beleuchten Sie sie mit Akzentlicht. Vergessen Sie nicht, Ihre Exponate von Zeit zu Zeit auszutauschen.

BEREICHE VERBINDEN UND TRENNEN

Ist der Raum knapp, müssen viele Bereiche der Wohnung jeweils mehrere Funktionen erfüllen. Das gilt besonders, wenn sie einen offenen Grundriss hat. Saß man zum Beispiel bis spät nachts mit seinen Gästen gemütlich zusammen, heißt es, das Sofa schnell zum Bett umzubauen und den Schlafbereich vom restlichen Raum abzutrennen. Oder denken Sie an den täglichen Wechsel von einem offen angelegten Wohnbereich zu einem eher geschlossenen, abgegrenzten Arbeitsbereich.

In solchen Fällen spielen **Raumteiler** eine wichtige Rolle – sei es die deckenhohe Schiebetür in der Raummitte oder der schlichte Paravent auf Rollen (siehe Stichwort »Raumteiler«). Wichtig sind zwei Aspekte: Zum einen, dass Sie den Raum mit wenigen Handgriffen an neu auftauchende Anforderungen sowie eine veränderte Nutzung anpassen können. Zum anderen ist zu klären, in welchem Ausmaß ein Bereich abgetrennt werden soll: nur angedeutet, deutlich spürbar oder vollständig?

Stichwort: Raumteiler

Raumteiler grenzen Bereiche einer Wohnung so voneinander ab, dass sie die Wirkung von Raum und Licht möglichst wenig stören. Je nach Bauart variiert der Grad, bis zu dem Bewohner Raumteiler an wechselnde Gegebenheiten anpassen können.

Es gibt eingebaute bzw. fest installierte und verstellbare Raumteiler. Mit beiden Arten lassen sich Stimmung und Dynamik einer Wohnung gezielt verändern.

Zu den **fest eingebauten** Raumteilern gehören Wände aus Glasbausteinen, Flächen aus Milchglas und halbhohe Wände. Letztere können zum Beispiel die Anschlüsse für Küche und Bad enthalten oder auf beiden Seiten Stauraum bieten. Fest eingebaut und dennoch anpassungsfähig sind zum Beispiel Türen und Wände, die sich zurückschieben, drehen, falten oder schwenken lassen.

Bei Schiebetüren und -wänden ist bereits in der Planungsphase die Frage zu klären, wo die Trennmodule in geöffnetem Zustand bleiben. Oft lassen sie sich in einer Wandnische verstauen, in anderen Fällen bleiben sie sichtbar.

Auch Raumteiler aus Plexiglas, Stoff- oder Papierbahnen sowie Ketten- oder Perlenvorhänge, die an Haken oder Schienen von der Decke hängen, kennzeichnen verschiedene Bereiche und bringen Abwechslung. Der Nachteil eingebauter Raumteiler: Je kleiner die Wohnung, desto stärker beeinträchtigen sie die Flexibilität.

Zu den **verstellbaren** Raumteilern gehören unter anderem Paravents (»Spanische Wände«) sowie Stellwände auf Rollen.

Wenn es schnell gehen muss, eignet sich aber auch eine fahrbare und mit einer Stoffbahn drapierte Kleiderstange. Dank solcher Lösungen haben Bewohner die Freiheit, den Raum jederzeit neu zu definieren. Allerdings bleibt die Wirkung verstellbarer Raumteiler meist auf die visuelle Ebene begrenzt – einen Schallschutz können sie in aller Regel nicht gewährleisten.

Neben fest installierten und verstellbaren Raumteilern existieren weitere Möglichkeiten, Bereiche voneinander abzugrenzen, zum Beispiel durch die Anordnung der Möbel sowie unterschiedliche Bodenbeläge, Wandfarben und Dekorationsobjekte.

TO THE
MOON
& BACK

GESUCHT: KOMPAKTE MULTITALENTE

Genauso flexibel wie die unterschiedlichen Bereiche kleiner Wohnungen sollten auch deren Möbel und Einrichtungsgegenstände sein. Nicht »Sitzen oder Aufbewahren« heißt hier die Devise, sondern »Sitzen und Aufbewahren«! Möbel, unter deren Sitzfläche sich Stauraum verbirgt, gibt es reichlich – von der Eckbank über die Truhe bis zum Hocker. Apropos: Es gibt Hocker mit Stauraum, auf denen Sie nicht nur sitzen können, sondern die auch als Couchtisch eine gute Figur machen. Und als Fußablage beim Entspannen auf dem Sofa taugen sie auch. Rollen auf der Unterseite machen sie zum echten Allrounder.

Weitere ideale Lösungen für kleine Räume sind zum Beispiel …

… im Kochbereich:

- ein Spülenunterschrank mit integriertem Mülltrennungssystem
- schmale Einbau-Elektrogeräte (zum Beispiel Kühlschrank, Herd, Geschirrspüler)
- ein kompaktes Kühl-/Gefriergerät oder ein separater Kühl- und Gefrierschrank (zum Beispiel nebeneinander unter der Arbeitsplatte)
- offene Aufbewahrungssysteme mit Stellflächen an den Wänden sowie Haken oder Schienen
- ein Eckschrank mit eingebauten Drehböden (zum Beispiel ein »Topfkarussell«)
- eine flexibel nutzbare Arbeitsfläche (zum Beispiel ausziehbar oder in einen Beistellwagen integriert)
- in einer Reihe angeordnete Kochfelder, die sich im hinteren Bereich der Arbeitsplatte einbauen lassen
- getrennter Backofen und Herd, zum Beispiel Kochfelder auf der Arbeitsplatte und ein Einbau-Backofen (oder eine Einbau-Mikrowelle mit Grill) in Augenhöhe.

… im Essbereich:

- ein Klapp- oder Ausziehtisch, eventuell mit Schubladen für Servietten, Kerzen etc.
- Beistelltische zum Stapeln, Ineinanderschieben oder Zusammenlegen
- klapp- oder stapelbare Stühle ohne Armlehnen (oder Hocker)
- Barhocker zum Essen an Durchreiche, Bistrotisch oder Kochinsel
- eine schmale Sitzbank, wenn der Esstisch parallel zur Wand steht
- ein Raumteiler zum Kochbereich (mit Durchreiche und Regalböden)
- eine Anrichte oder ein Sideboard für Geschirr, Gläser, Besteck und Tischdecken.

… im Wohnbereich:

- einzelne und vielseitig kombinierbare Sitzelemente
- kompakte Ablageflächen zum Einhängen an Armlehnen
- zusätzliche flexible Sitzgelegenheiten, zum Beispiel Pouf, Sitzsack oder ein gepolsterter Stauraumhocker, der sich auch als Couchtisch verwenden lässt

- ein Couch- oder Konsolentisch mit Stauraum, zum Beispiel mehreren Schubladen oder einer zusätzlichen Ablage unter der Tischplatte
- Einbauschränke oder -regale mit geringer Tiefe
- Glasvitrinen zum Präsentieren dekorativer Objekte
- eine Sitzbank mit Regalböden in Fensternischen.

... im Arbeitsbereich:

- ein kompakter Schreibtisch mit Schubladen und Tastaturauszug
- ein klappbarer Wandsekretär
- ein Bürostuhl ohne Armlehnen, der sich unter den Schreibtisch schieben lässt
- ein eingebauter Computerschrank mit Jalousie/Tür
- Aufbewahrungselemente mit ausreichend Stauraum, zum Beispiel Rollcontainer
- ein All-in-one-Gerät (Drucker, Scanner, Kopierer, Fax) statt mehrerer Einzelgeräte.

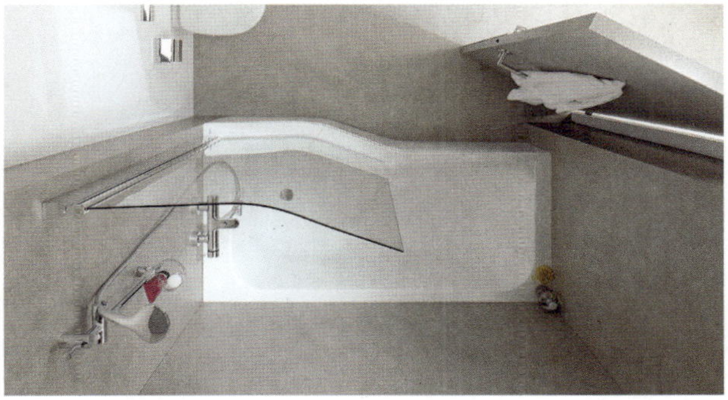

... im Bad:

- eine Eck- oder Sitzbadewanne
- eine kompakte Duschkabine oder bodengleiche Duschecke
- eine kombinierte Bade- und Duschwanne
- ein schmales Waschbecken mit kleiner Ablagefläche
- ein Eckwaschbecken
- ein beheizbarer Handtuchwandhalter
- ein kompakter Wandheizkörper oder eine Infrarotheizung an der Decke
- ein Waschtrockner (Waschmaschine mit Trockner), oder den Trockner mit Hilfe eines Zwischenbaurahmens auf die Waschmaschine (nur Frontlader) stapeln
- schmale Modelle bei Waschmaschine und Trockner (45 cm breit).

... im Schlafbereich:

- ein Klappbett als ausziehbares Etagen-, Schreibtisch- oder Wandbett, das sich hinter einer Schranktür verstauen lässt
- ein Bettsofa für Multifunktionsräume
- Futons, die aufgerollt als Sitzgelegenheit dienen können
- ein Bett mit Stauraum
- ein Kleiderschrank mit Schiebe- oder Falttüren
- ein Nachttisch mit Schubladen
- ein Ablagebord über dem Kopfende des Bettes.

Seitenblick: Containerdorf

»Frankie & Johnny« – so heißt das erste Container-Studentendorf Deutschlands im Berliner Plänterwald. Seine beiden Gebäudeblocks bestehen aus Frachtcontainern, die als Apartments dienen – mit Kochecke, Bad sowie Schlaf- und Arbeitsbereich. Wenn demnächst auch der dritte Block namens »Nelly« fertig ist, wird das Dorf 398 Studenten ein Zuhause bieten.

RÄUME OPTIMAL NUTZEN – 6 TOP-IDEEN:

1 **Klappbarer Lattenrost:** Schnörkellos und effektiv – unter dem klappbaren Lattenrost befindet sich ausreichend Platz für sperrige Habseligkeiten. Wenn man mit 26 Quadratmetern ohne Keller oder Dachboden auskommen muss, ist man einfach froh über jedes Fleckchen Stauraum.

2 **Schrank mit Spiegel:** Platz für eine separate Garderobe ist in so einem Container natürlich nicht – das übernimmt der Schrank im Eingangsbereich gleich mit. Gangseitig besitzt er ein praktisches Regal zur Ablage. In den bodentiefen Spiegel wandert ein letzter prüfender Blick, bevor Bewohner oder Bewohnerin an die Uni verschwindet oder sich ins Partyleben stürzt.

3 **Schreibtisch:** Da sämtliche Steckdosen auf der Wand angebracht sind, hätte sich der Schreibtisch nur mit einigem Abstand aufstellen lassen. Dadurch wäre wertvoller Platz verlorengegangen. Das Versetzen der rechten vertikalen Platte unter die Schreibtischplatte schafft einen Zwischraum – breit genug zum Ein- und Ausstecken von Lampe, Laptop & Co.

4 **Schiebetür:** Einfach aber wirksam wurde auch der Eingang ins Bad gestaltet. Eine Schwenktür wäre im schmalen Durchgang schnell zum Hindernis geworden. Eine Schiebetür erfüllt dieselbe Funktion – nur platzsparender. Zudem lässt sie Tageslicht ins Bad, so dass tagsüber die Lampe ausbleibt.

5 **Flacher Heizkörper:** Ein herkömmlicher Heizkörper hätte relativ weit in den Eingangsbereich geragt. Das hier verwendete Modell ist dagegen extrem flach und kaum zu bemerken.

6 **Dezentrale Beleuchtung:** Eine Deckenleuchte hätte den Raum noch enger wirken lassen, als er ist. Mit mehreren Lichtquellen lassen sich dagegen gezielte Akzente setzen, während andere Bereiche im Dunkel verschwinden.

TIPPS VON DER EXPERTIN:

- Besorgen Sie sich **deckenhohe Schränke und Regale**. So können Sie in Zimmern mit kleiner Grundfläche die Raumhöhe komplett nutzen. Auch Schrankaufsätze sowie schöne Kartons und Körbe erweitern den verfügbaren Stauraum bis zur Decke.

- Nutzen Sie den **Platz unter dem Bett**. Ist die Lücke zu klein, um Rollwagen oder Körbe darunter zu schieben, bauen Sie sich selbst einen Bettkasten aus MDF-, OSB- oder Spanplatten, die Sie sich im Baumarkt zuschneiden lassen und dann verkleben oder verschrauben. Sperrige Gegenstände wie Luftmatratze und Skiausrüstung verschwinden so aus dem Blickfeld.

- Stores, Gardinen und andere Vorhänge sollten Sie sich nach Möglichkeit sparen. Sie machen den Raum kleiner und halten das Tageslicht draußen. Wer eine Verdunklung oder einen Sonnen- bzw. Sichtschutz benötigt, sollte besser **Rollos oder Plissees** anbringen, da diese deutlich weniger Platz brauchen.

- Insbesondere sparsam möblierte Zimmer wirken durch ein **prunkvolles Wandmotiv** gleich viel lebendiger. Berge, ein Strand oder ein Bootssteg am Seeufer zaubern im Handumdrehen optische Tiefe ins Zimmer. Im Internet finden Sie Fotodienste, die Ihnen auch aus selbstgeknipsten Bildern Poster und sogar Fototapeten nach Maß herstellen.

- Neue Dimensionen schafft der **Einsatz von Spiegeln**. Dabei lohnt es sich, mit Formen und Positionen zu spielen, vom bodentiefen Hochformat bis zum extremen Querformat in Augenhöhe.

Tina Sorgenlos ist studierte Kommunikationsdesignerin und sorgte für die Einrichtung der Container-Apartments. Angesichts des akuten Wohnraummangels findet sie es wichtig, auch mit ungewöhnlichen Ideen bezahlbare Studentenunterkünfte zu schaffen. www.eba51.de

1

2

3

4

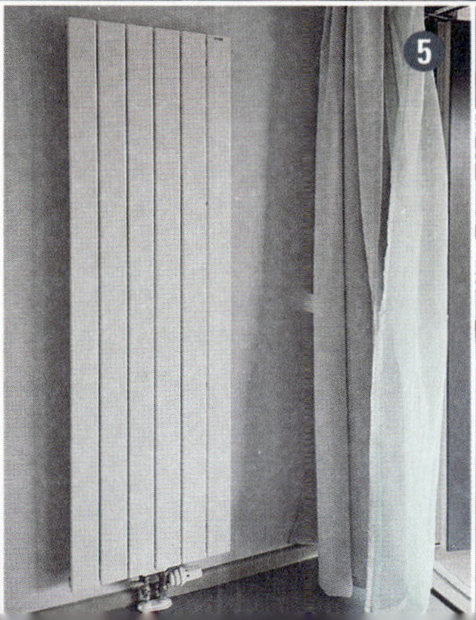
5

6

Einen Überblick über Hersteller bzw. Händler der folgenden Produktbeispiele finden Sie im Bildnachweis ab S. 186. Die Stiftung Warentest kann jedoch keine Garantie übernehmen, dass bestimmte Produkte bei Erscheinen des Buches verfügbar sind.

LASSEN SIE SICH INSPIRIEREN! AUSPROBIEREN UND KREATIV WERDEN

Designer und Hersteller haben den Trend längst erkannt: Möbelhäuser, Einrichtungsläden und Web-Shops sind voll von kompakten, multifunktionalen und mobilen Lösungen für kleine Räume. Doch trotz imposanter Produktpalette lässt sich manches Problem nur mit Maßarbeit vom Profi lösen – oder einer pfiffigen Idee.

Wohnideen 1: Der erste Eindruck zählt – kleine Dielen optimal nutzen

Eva (33) hat in ihrer Wohnung einen Flur, von dem aus die Wohnküche, das kleine Schlafzimmer und das Bad abgehen. Damit die Diele nicht zu eng und dunkel wird, hat Eva die Tür zur Wohnküche ausgehängt. Der Flur bekam eine schlanke Garderobe sowie eine kompakte Ablage am Eingang und wurde mit Spiegeln, dem quer gestreiften Läufer und hellen Farben etwas größer geschummelt. Um Platz zu sparen, hat Eva in einen Einbauschrank investiert. Da woanders kein Platz war, verlegte sie sogar ihren Arbeitsplatz in die Diele – die jetzt wohnlichen Charme ausstrahlt.

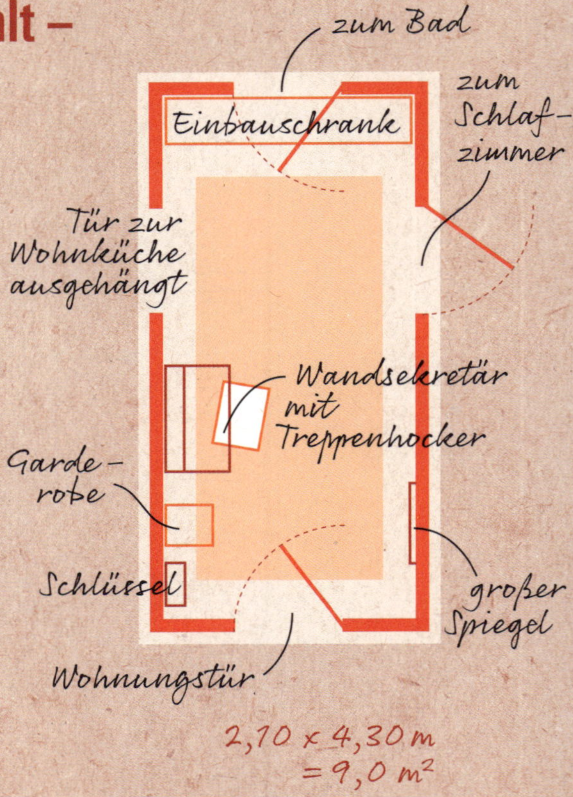

DIE LÖSUNGEN AUF EINEN BLICK:

1 Organisation & Ablage: Wenn Eva die Wohnung betritt, hat sie oft die Hände voll. Folglich muss eine kompakte Ablage für Schlüssel, Handy, Brötchentüte und anderen Kleinkram her. Umgekehrt will sie beim Verlassen der Wohnung Einkaufszettel, Abholscheine und wichtige Notizen im Blick haben.

2 Kompakte Garderobe: Die an den Seiten offene Garderobe mit zwei Regalböden und verspiegelter Front wirkt luftig und leicht – erfordert aber etwas Disziplin: Hier hat nur das Platz, was gerade getragen wird.

3 Unauffälliger Arbeitsplatz: Ultraschlanke Konstruktion, klappbare Platte, sinnvolle Fächer und Ablagen – Evas neuer Sekretär braucht wenig Platz. Dank kräftiger Farbe und coolem Design ist er zudem ein Hingucker.

4 Effektvolle Spiegel: Um Räume größer zu mogeln, sind Spiegel optimal. Da sie den bodentiefen Wandspiegel gegenüber der Garderobe anbringt, sieht Eva darin nicht nur, ob ihre Schuhe zum Outfit passen – sondern kann ihren Look auch von hinten checken.

5 Stauraum & Aufbewahrung: Schränke an den Längsseiten verbieten sich hier. Warum dann nicht die Stirnseite nutzen? Da es um Millimeter geht, lässt Eva den Schrank vom Tischler anfertigen und einbauen – inklusive Aussparungen für Steckdose und Lichtschalter.

6 Flexibler Sitz: Einen Hocker braucht Eva für den Sekretär, eine Leiter für die oberen Schrankfächer – da liegt es nahe, auf ein Multitalent zu setzen, das sich mit ein paar Handgriffen geschickt verwandeln lässt.

1
5
5
2
3
4
5
5
6
5
4

1 ORGANISATION UND ABLAGE

1 Lässig angelehnt. Für den Eingangsbereich perfekt geeignet ist ein kleines, möglichst offenes Hängeregal. Dieses hier wird oben mit dem Holzhaken einfach an einen Nagel oder Wandhaken gehängt. Verschiedene Ablagen in Bauch- bis Brusthöhe bieten ausreichend Platz für Kleinkram aller Art.

2 Flexibel angeordnet. Eine vertikal angebrachte Wandschiene hat den Vorteil, dass sich die einzelnen Elemente (hier: Spiegel, Ablageboden und Kleiderhaken) in der gewünschten Reihenfolge und Höhe befestigen und bei Bedarf neu anordnen lassen – und das alles ohne Werkzeug.

3 Große Klappe(n). Mal vollgestellt, mal dekorativ bestückt, dann wieder nichts von allem – die Borde dieses Regalsystems lassen sich flexibel handhaben: Man klappt nur so viele aus, wie man benötigt. Zugeklappt »verschmilzt« das Regal mit der Wand.

4 Geschwind notiert. Ob Einkaufsliste, Arzttermin oder netter Gruß zwischendurch – ein mit Tafellack gestrichener Schrank taugt prima als Nachrichtenzentrale. Übrigens eine tolle Möglichkeit, um alte Möbelstücke in Eigenregie neu zu gestalten.

5 Garantierte Haftung. Sie ist äußerst anziehend, sehr mitteilsam und steht kaum vor – wer sich für eine Magnetschiene oder -platte im Flur entscheidet, hat zumindest den leidigen Zettelkram im Griff. Regelmäßiges Ausmisten ist hier aber Pflicht!

6 Alles griffbereit. Merke: Was an der Wand hängt, nimmt woanders keinen Platz weg. Viele Utensilos haben zwar kaum Aussicht auf einen Schönheitspreis, sind aber wahre Ordnungswunder – und setzen dank Knallfarben kräftige Akzente.

7 Schick gefächert. In manch unscheinbarem Schränkchen steckt eine durchdachte Aufbewahrungslösung. Dieses hier bietet genug Platz für alle Dinge des täglichen Gebrauchs.

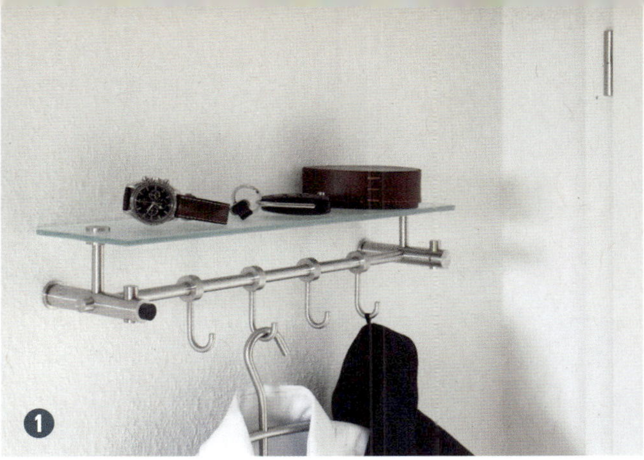

2 KOMPAKTE GARDEROBE

1 Fest am Haken. Eine Wandgarderobe, in einer Ecke oder Nische angebracht, nutzt den dort vorhandenen – und oft verschenkten – Platz. In Kombination mit einem Türstopper bietet sie auch hinter der Wohnungstür Platz für Jacken und Mäntel.

2 Schnell aufgesteckt. Die Türen bleiben in vielen Wohnungen frei. Warum eigentlich? Die Rückseite der Eingangstür lässt sich prima nutzen, um ein paar Bügel samt Jacken zu deponieren. Einfach eine schicke Türgarderobe aufstecken – fertig.

3 Klappt perfekt. Eine mobile Faltgarderobe ist als ständige Garderobe in kleinen Fluren nutzbar – oder dient als Ergänzung, wenn Gäste kommen. Nach Gebrauch lässt sie sich zusammengeklappt verstauen oder dank der Rollen beliebig verschieben.

4 Flexibel verstellbar. Wer ein wenig mehr Platz oder eine passende Nische hat, für den kommt eine Lösung mit Wandschienen und Einlegeböden in Frage. Hier lassen sich auch Schuhe, Taschen und Mützen verstauen.

5 Gerollt statt verrückt. Als stummer Diener im Großformat für Hemden, Blusen & Co., aber auch als Dauerlösung für kleine Räume kann eine solchen Rollgarderobe dienen.

6 Rank und schlank. Je nach räumlichen Gegebenheiten kommen auch ausgefallene Orte für die Garderobe in Frage. Dieses Wandmodell ist ideal für Säulen und schmale Vorsprünge.

7 Gut versteckt. Wer zu Hause etwas anderes sehen möchte als Jacken, setzt auf ein Garderobenmodell mit Spiegel. Ganz nebenbei zaubert dieser etwas Weite in die Diele.

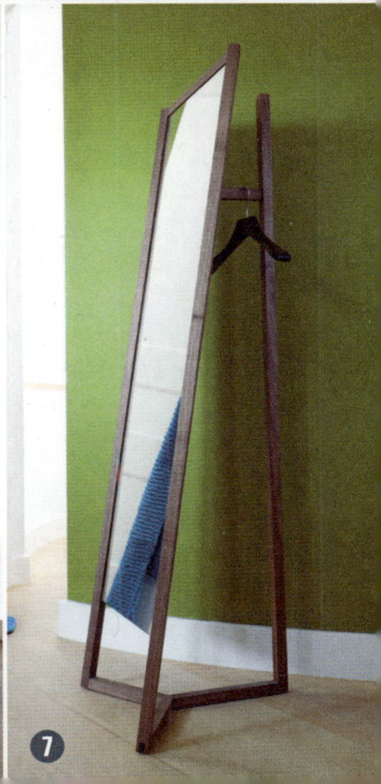

1

2

3

4

5

6

3 UNAUFFÄLLIGER ARBEITSPLATZ

1 Vielseitige Konsole. Eine Wandkonsole mit Schubladen taugt auch zum Arbeiten am Laptop. Während die Leuchte nach der Arbeit zum zusätzlichen Flurlicht wird, lässt sich die Ablagefläche schnell wieder in eine »neutrale Zone« verwandeln. Man sollte dann nur wissen, wohin mit den Arbeitsunterlagen.

2 Ecken als Eyecatcher. Ablage, Fächer, Schubladen – kein Zweifel, dass hier gearbeitet wird. Doch aufgrund ihres markanten Äußeren müssen sich Sekretäre wie dieser keinesfalls verstecken und lassen sich wunderbar als Blickfang inszenieren.

3 Alles im Rahmen. Wandsekretäre wie dieses 4,5 Zentimeter flache Modell bieten genügend Platz für Tablet, Smartphone und Stifte und lassen sich auch als rückenschonender Steharbeitsplatz nutzen. Im Rahmen nahezu unsichtbar integriert befindet sich zudem eine Vierfachsteckdose zum Aufladen.

4 Grazil und zurückhaltend. Auch klassische »Kastenmöbel« sind immer öfter für die Nutzung mit mobilen Geräten optimiert – so wie dieser Doppelcontainer mit nach vorn vergrößerbarer Arbeitsfläche. Er erlaubt es ohne großen Aufwand zu arbeiten, im Netz zu recherchieren oder mit Freunden zu chatten.

5 Flachmann mit Stil. Auch ein voll ausgestatteter Sekretär muss nicht viel tiefer sein als eine Fußbodendiele breit. Neben geringer Bautiefe zählen vor allem eine stabile Arbeitsplatte und ein eher schlichtes Äußeres. Was nicht zwingend bedeutet, dass sich der Arbeitsplatz farblich zurückhalten muss.

6 Stütze gesucht. Ein Arbeitsplatz zum An-die-Wand-Lehnen – gute Idee. Die obere Ablage und die Fächer darunter bieten Platz für Bücher und Büroutensilien, während auf der unteren Platte externe Festplatte und Steckerleiste platziert werden.

4 EFFEKTVOLLER SPIEGEL

❶ **Aus- und Einblicke.** Ein Spiegelfenster in Holzoptik bringt Landhausflair in den Flur: Es erweckt den Eindruck, man könne aus dem Raum hinausschauen und verleiht ihm gleichzeitig Tiefe. Wer will da noch die Fensterläden schließen? Spiegelfenster gibt es natürlich auch ohne Rippen und Läden – und mit etwas Geschick (und Spiegelglas) lassen sich alte Fensterflügel aus Holz in Heimarbeit zu dekorativen Objekten aufarbeiten.

❷ **Von Kopf bis Fuß.** Ein solcher Standspiegel in Fensteroptik macht sich in schmalen Dielen extrem gut: Da er auf dem Boden steht, ist ein Ganzkörper-Check vor dem Verlassen Wohnung kein Problem mehr. Gegenüber einer offenen Tür oder an der Stirnwand platziert lässt er selbst Miniflure großzügig erscheinen.

❸ **Auf die Seite gelegt.** Ein rechteckiger Spiegel im zeitlosen Design passt in jede Wohnung. Kleine Räume profitieren in besonderer Weise von quer aufgehängten Spiegeln. So erfassen sie einen breiteren Bereich des Raumes. Wichtig: Auf dunkle Rahmen – besser noch auf Rahmen generell –, barocke Schnörkel und andere Extras sollte man besser verzichten.

❹ **Klotzen statt kleckern.** Wenn schon Spiegel, dann groß. Wer nach diesem Motto verfährt, kann bei der nächsten Umgestaltung eine verspiegelte Schiebetür ins Kalkül ziehen – etwa als Abschluss eines Regalsystems, eines Einbauschranks oder einer Abstellkammer an der Stirnseite der Diele. Eine solche Spiegelwand macht aus einem kurzen Flur optisch eine lange Diele.

❺ **Runde Sache.** Sehr dekorativ wirken mehrere kleinere Spiegel, wenn sie geschickt gehängt sind. Hier lohnt es sich, mit verschiedenen Größen und Hängungen zu experimentieren. Mutige kombinieren sogar Spiegel ganz unterschiedlicher Stile.

5 STAURAUM UND AUFBEWAHRUNG

❶ **Stufe für Stufe.** Mit einem Treppenkorb (oder mehreren) lässt sich selbst die Geschosstreppe zum Aufbewahrungort machen. Er ist auch als Transportmittel zwischen oben und unten bestens geeignet – nur zur Stolperfalle werden sollte er nicht!

❷ **Modular und mobil**. Wer auf ein modulares System setzt, kann dieses später nach Wunsch erweitern. Ein guter Anfang ist ein solches Schiebetürmodul, das in verschiedenen Breiten, Höhen und Farben zu haben ist und sich mit Rollen ausrüsten lässt.

❸ **Fächer mit Pfiff.** Praktisch und ziemlich lässig ist eine solche Schubladenkommode im Vintage-Look. Egal ob Taschen oder Rucksäcke, Handschuhe oder Mützen – hier findet dank verschieden breiter Schubladen jedes Stück seinen Platz.

❹ **Schick und schlau.** Bänke, Stühle und Hocker sind klassische Platzfresser. Anders, wenn sie Zusatzfunktionen bieten. Diese Bank etwa punktet mit zusätzlichem Stauraum.

❺ **Clever eingehängt.** Bevor das Fahrrad geklaut wird, stellen es viele in der Wohnung ab. Wer die Stellfläche anderweitig nutzen willl, hängt das Bike mit dieser Minihalterung an die Wand.

❻ **Schuhe stapelweise.** Kein Flur ohne Schuhe. Nur wohin damit? In kleinen Räumen lohnt es sich, weniger in die Breite zu denken als in die Höhe. Dieser schmale Schuhschrank passt auch hinter Mauervorsprünge und in schmale Nischen.

❼ **Vorher putzen!** Ob Ballerinas, Laufschuhe oder Filzpantoffeln: An diesem Gestell finden sie alle ihren Platz. Eine unauffällige Lösung für Zimmertüren, die die meiste Zeit offen stehen.

6 FLEXIBLER SITZ

1 Elegant, elegant. Ein Klassiker für die repräsentative Diele ist eine gepolsterte Sitzbank. Verbirgt sich unter ihrer Sitzfläche Stauraum und lässt sie sich dank Rollen flexibel nutzen, ist sie auch ein Fall für kleinere Flure. Grundsätzlich empfiehlt es sich genau zu überlegen, wie viele Sitzgelegenheiten man im Flur braucht – und ob überhaupt.

2 Vom Hocker zum Tritt. Schon sehr durchdacht, so ein Treppenhocker: Im eingeklappten Zustand dient er als kompakte Sitzgelegenheit. Will man mal höher hinaus, lässt er sich mit wenigen Handgriffen in einen praktischen Tritt verwandeln – inklusive rutschhemmendem Rillenprofil auf den Stufen.

3 Husch, ins Körbchen. Ob aus Holz, Korb oder Kunststoff, ob als Bank, Stuhl oder Hocker – Sitzmöbel mit Stauraum gibt es in vielen Varianten. Wer etwa im Bad keinen Platz für eine Wäschetruhe hat, schlägt mit diesem Korbhocker zwei Fliegen mit einer Klappe: Er enthält einen herausnehmbaren Wäschesack!

4 Höchste Transparenz. Durch diesen Stuhl schaut man förmlich hindurch. Er lässt den Raum wirken und kommt selbst perfekt zur Geltung. Auch wenn sich hier nichts zusammenklappen, wegrollen oder mehrfach nutzen lässt – auch auf begrenztem Platz muss niemand darauf verzichten, Einzel-, Lieblings- und/oder Designerstücke wirkungsvoll zu inszenieren.

5 Schnell aufgefaltet. Mal dient er als stabiler Sitz, mal als stilvolle Bibliotheksleiter, und wenn man ihn nicht braucht, wird er zusammengeklappt und platzsparend verstaut. In Wohnungen mit hohen Regalen und Schränken macht sich ein Leiterstuhl schnell unentbehrlich – und das nicht nur im Flur.

Wohnideen 2: Wenn Gäste kommen – der flexible Wohn- und Essbereich

Die Wohnung von Sebastian (35) und Nina (34) weist neben Schlafzimmer und Bad einen größeren Wohn-/Essbereich auf 21,6 Quadratmetern auf, der an eine offene Küche angrenzt. Um beide Raumteile abzugrenzen, aber auf keinen Fall hermetisch abzuschotten, haben sie sich einen Raumteiler anfertigen lassen, der ihnen auch dringend benötigten Stauraum bietet. Um den Wohnbereich außerdem mit wenigen Handgriffen fit für spontane Spieleabende und Essen mit Freunden machen zu können, haben sich die beiden einen in der Größe variablen Esstisch, zusätzliche Sitzgelegenheiten und eine variable Sofalandschaft angeschafft.

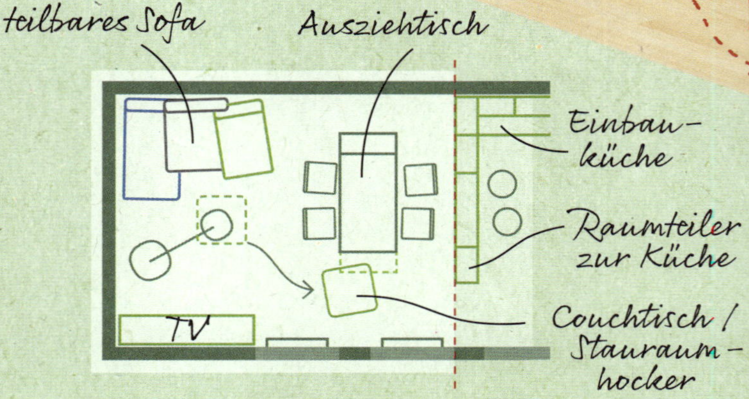

DIE LÖSUNGEN AUF EINEN BLICK:

1 Bereiche abgrenzen: Nina und Sebastian trennen die Küche mit einem Raumteiler vom übrigen Raum ab. Damit Hobbykoch Sebastian trotzdem alles mitbekommt und um Umwege zu vermeiden, haben sich die beiden für ein Regal mit Durchreiche entschieden.

2 Flexibler Tisch: Der Tisch steht normalerweise quer zum Raumteiler und bietet sechs Sitzplätze. Kommen mehr Gäste, wird der Tisch um 90 Grad gedreht, wobei die Deckenleuchte die Drehachse bildet. Dann ist Platz, um den Tisch mit Steckelementen seitlich zu verlängern.

3 Stühle & Hocker: Als zusätzliche Sitzmöglichkeiten eignen sich ein paar einfache Klappstühle optimal. Der neue Stauraumhocker ist bei Bedarf auch als Couchtisch einsetzbar.

4 Sofa & Sessel: Die Teile der Polstergruppe lassen sich je nach Bedarf anordnen – als Dreisitzer, Zweisitzer mit Lounge-Sessel oder Vis-à-vis. So können die Gastgeber auf alle Situationen reagieren.

5 Schicker Stauraum: Oft benutztes Geschirr, Vorratsdosen und die Kochbuchsammlung werden in den Regalfächern des Raumteilers untergebracht. Genial: Im unteren Teil können die neuen Klappstühle verschwinden.

6 Wände kreativ gestalten: Die Fototapete mit den vertikal aufragenden Baumstämmen und dem Blick in den Wald zaubert Höhe und Tiefe in den Raum. Die Farben harmonieren zudem perfekt mit der Einrichtung.

1 BEREICHE ABGRENZEN

❶ **Schotten dicht!** Küche und Wohnbereich einmal als offener Raum, dann wieder strikt getrennt: Wer Geräusche und Gerüche ab und zu aussperren will, wird eine Schiebetür lieben! In vielen Wohnungen lässt sich eine solche Lösung nachrüsten.

❷ **Offene Grenze.** Eher dezent unterteilt eine solche Anrichte zwei Funktionsbereiche eines Raumes. Der Raumeindruck bleibt erhalten, der Blick kann frei schweifen – dennoch wird klar, wo die Küche endet und der Wohnraum beginnt. Viele halbhohe Raumteiler bieten zusätzliche Ablagefläche und Stauraum.

❸ **Schlichte Eleganz.** Wer sagt, dass alle Fächer eines Raumteiler-Regals vollgestopft werden müssen? Im Gegenteil: Bei Modellen wie diesem lohnt es sich, Form und Farbe wirken zu lassen und eine räumliche Trennung nur anzudeuten. Hier darf der ästhetische Eindruck den praktischen Nutzen ruhig dominieren.

❹ **Frei zugänglich.** Dieses Regal mitten in den Raum zu stellen, ist zweifellos ein Statement. Doch warum nicht? Planvoll arrangiert wirken Teller, Tassen und Schüsseln fast wie ein Kunstwerk. Praktisch ist das Ganze auch: Immerhin lassen sich die Sachen von beiden Seiten hereinstellen und herausnehmen.

❺ **Insel für zwei.** Innerhalb des Wohnbereichs lassen sich mit wenig Aufwand kleinere Inseln einrichten. Dafür braucht es nur einen Bezugspunkt, etwa das TV-Gerät, ein Fenster oder ein Bücherregal. Hier bildet ein expressives Wandbild die Kulisse für ein mobiles Barschränkchen und zwei edel designte Hocker.

❻ **Vis-à-vis.** Einsam vor sich hinkochen, während der Besuch im Wohnzimmer wartet? Zum Glück gibt es Koch(-halb-)inseln, an denen der Gastgeber Menüs zaubern und gleichzeitig mit den Gästen plaudern kann. Die können ja derweil den Tisch decken.

2 FLEXIBLER TISCH

1 Angesteckt. Wer auf einen Tisch mit einem oder mehreren Steckelementen setzt, sollte sich vorher Gedanken machen, wo er die sperrigen Teile unterbringt, wenn sie nicht gebraucht werden... oder einen Tisch kaufen, der Stauraum dafür bietet. Dieses Modell hat eine Nische in der Tischstütze.

2 Rustikaler Charme. Etwas Handarbeit erfordert dieser runde Tisch im Landhausstil, der sich zur ovalen Tafel erweitern lässt. Geeignet für Gastgeber, die keinen Zentimeter zu verschenken und nicht gerade Heerscharen von Gästen zu bewirten haben. Bei anderen runden Modellen lässt sich die Tischplatte halbieren, so dass der Tisch an eine Wand gerückt werden kann.

3 Zuwachs auf Zug. Arretierung lösen, seitlich an der Tischplatte ziehen – schon klappen zwei Zusatzelemente nach oben, die zuvor unter der Tischplatte lagen und nun exakt in die entstandene Lücke passen. Ohne unnötigen Kraftaufwand und Puzzlearbeit wachsen Tische wie dieser um einen Meter oder mehr. Platz für mindestens vier zusätzliche Gäste.

4 Leichtfüßig. Flexible Lösungen wie dieser Konsolenmix lassen die Herzen von Designfans mit begrenzter Wohnfläche höher schlagen. Die vier kreisrunden Elemente sind mit Metallgelenken beweglich verbunden und lassen sich wahlweise als langezogenes Sideboard, als Ecklösung oder als quadratischer Esstisch für vier Personen anordnen.

5 Selbstbewusst. Bei vielen Modellen haben die Designer penibel darauf geachtet, dass sich Erweiterungselemente unauffällig in die Tischplatte einfügen. Warum eigentlich? Eine andere Farbgebung oder ein Materialmix können sehr stylisch wirken und machen die Esstafel erst richtig zum Blickfang.

3 STÜHLE UND HOCKER

1 Hochstapler. »Stapeln« ist eines der Zauberwörter beim platzsparenden Aufbewahren von Dingen. Es ist Ausdruck eines In-die-Höhe-Denkens, wo Länge und Breite ausgereizt sind. Hauptvorteil stapelbarer Stühle: Egal ob zwei, drei oder fünf – der benötigte Stauraum verändert sich kaum.

2 Schlanke Linie. Zusammenklappen – ein weiteres Grundprinzip platzsparenden Wohnens. Wird etwa ein Klappstuhl nicht gebraucht, verschwindet er in einer Nische oder im Schrank. Da Klappmöbel meist von eher schlichter Schönheit sind, eignen sie sich vor allem für den temporären Gebrauch und als Ergänzung.

3 Multitasker. Sitzgelegenheit, Aufbewahrungsort, Couchtisch, Fußablage – ganz schön vielseitig, so ein Hocker. Je nachdem, ob er stärker als bequemer Sitzplatz oder als ebene Ablagefläche gefragt ist, sollte seine Oberfläche beschaffen sein.

4 Pappkamerad. Ob Bücherstapel fürs Wohnzimmer, Pizzakartons für die Küche oder Boombox fürs Jugendzimmer – mit originellen Motiven bedruckte Papphocker sind ein Blickfang und machen sich gut als Sitzgelegenheit, Couch- oder Beistelltisch. Nach Gebrauch zusammenfalten, wegräumen, fertig!

5 Nass gemacht. Jetzt mal um die Ecke gedacht: Wer einen Stapel schlichter Hocker besitzt, der die meiste Zeit nur herumsteht, kann sich alternative Nutzungen überlegen: So lässt sich dieses Modell als ruschfester Duschhocker verwenden, wenn man die Enden der Metallrohrbeine mit Gummistopfen versieht.

6 Ausgeschlafen. Dieser Polsterhocker lässt sich mit wenigen Handgriffen in eine Polsterliege verwandeln. Das lohnt sich sogar schon fürs Nickerchen zwischendurch – erst recht aber für einen spontanen Übernachtungsgast.

4 SOFA UND SESSEL

❶ **Sofa-Puzzle.** Große Räume mit opulenten Sofalandschaften bestücken? Kein Problem. Ist der Platz jedoch begrenzt, sind flexible Lösungen gefragt. Bei diesem Konzept etwa lassen sich verschieden geformte Sessel zu asymmetrischen und ergonomisch sinnvollen Sitzmöbeln zusammenfügen – oder einzeln nutzen.

❷ **Gerädert ist anders.** Neulich, nachts. »Voilà, das Bett«, sagte der Gastgeber, rollte den Sessel ein Stück von der Wand ab und klappte ihn aus. Der Besuch staunte nicht schlecht, entpuppte sich doch das Polster, auf dem er den ganzen Abend gesessen hatte, als bequeme Matratze. Na, dann: Gute Nacht.

❸ **Frei schwebend.** Ein Sofa, das dank seines zierlichen Gestells über dem Boden zu schweben scheint, passt hervorragend zu einem kleineren Raum. Zum Glück muss niemand Angst haben, dass darunter Stabilität und Komfort leiden. Im Gegenteil: Neben verstellbarem Kopfteil und weichen Kissen lässt sich dieses Modell durch Umklappen der Lehne in ein Bett verwandeln. Womit wir wieder beim Schweben sind: Die Rückenlehne wird als Teil der Liegefläche nur vom Gelenk in der Mitte gehalten.

❹ **Relax, just do it.** Sitzen, liegen, lümmeln – wenn es flexibel nutzbar ist und sich in Form und Farbe zurückhält, kommt auch ein etwas größeres Sofa für einen kleinen Raum in Frage. Nur weil der Platz begrenzt ist, will sich ja niemand mit Miniaturmöbeln umgeben. Also: Bei Bett, Sofa und Tisch nicht kleckern!

❺ **Eckensteher.** Ecken nutzen – schön und gut. Doch wer will schon im hintersten Winkel sitzen? Ecksessel haben das Zeug, solche Vorbehalte in ihr Gegenteil zu verkehren: Man sitzt bequem und geschützt, und der Sessel ist allemal ein Blickfang. Außerdem schreibt einem ja niemand vor, wo man ihn hinstellt.

5 SCHICKER STAURAUM

❶ **Sinn für Details.** Planvolles Verstauen ist auf beengtem Raum unerlässlich. Anrichte, Sideboard oder Vitrine sollten aber nicht nur funktional sein, sondern auch ansprechend gestaltet und hochwertig verarbeitet. Oft entscheiden Details wie die Funktionsqualität von Griffen, Scharnieren und Laufschienen darüber, ob das Aufräumen Spaß macht oder nervt.

❷ **In Reih und Glied.** Im Zweckmäßigen das Schöne zu entdecken bringt oft sehr reizvolle Effekte hervor. Hier lässt eine ungewöhnliche Aufbewahrungslösung, hinter einer Glasfront oder in einem Regal in Szene gesetzt, selbst einen Tellerstapel oder eine Gläserreihe wie eine Kunstinstallation wirken.

❸ **Breit gemacht.** Hängende Schränkchen, Anrichten und Vitrinen haben den Vorteil, dass sie den Raum optisch nicht verkleinern. Dieses Sideboard lässt sich zudem um bis zu 50 Zentimeter ausziehen und so der Raumsituation anpassen. Dadurch entstehen zwei offene Nischen, die zusätzlichen Platz bieten.

❹ **Baukastenprinzip.** Wo einen bei anderen Regalsystemen die Fülle der Möglichkeiten überfordert, beschränkt sich dieses auf drei Elemente. Sie lassen sich in Breite und Höhe beliebig kombinieren und bilden je nach Höhe ein Regal oder Sideboard.

❺ **Raffiniert kombiniert.** Klare Formen, ein Materialmix aus Naturholz und Farbglas, ein Sichtfenster »um die Ecke« – Vitrinen wie diese vereinen Funktionalität und Ästhetik perfekt.

❻ **Innere Werte.** Flächenbündige Schiebetüren sorgen bei dieser Anrichte für eine harmonische Optik und geringen Platzbedarf beim Öffnen. Die (im Bild geschlossene) Innenlade bietet zusätzlichen Stauraum, der sich etwa mit Besteck füllen lässt.

6 WÄNDE KREATIV GESTALTEN

❶ Grenzen verschieben. Rosa Tulpen sind Geschmackssache, zugegeben. Dennoch illustrieren sie perfekt die Wirkung einer Fototapete – sie löst die Wand förmlich auf und erweitert den Raum. Alles steht und fällt mit dem Motiv: In kleinen Räumen ist perspektivische Tiefe gefragt. Dagegen würde eine Hausfassade mit Riesengraffiti den Betrachter eher anspringen.

❷ »Klappstuhl-Art«. Klappt man oben (Rückenlehne), klappt es auch unten (Fußteil). Dank flexibler Lehne und fehlender Hinterbeine ist dieser Klappstuhl eher ein Freischwinger. Der Clou: Nach dem Gebrauch muss er nicht verschwinden – mit aufgedrucktem Motiv ist er auch als Wandschmuck salonfähig. Dort macht er sich mit nur zwei Zentimetern Tiefe ganz dünn.

❸ Faszinierendes Verwirrspiel. Besonders raffiniert wirken Perspektivbilder, die die räumlichen Gegebenheiten aufnehmen und den Betrachter im ersten Moment stutzen lassen. Fast möchte man durch die Wandöffnung gehen und die Stufen hinaufsteigen – bevor einem gleich darauf klar wird, dass es sich um einen großformatigen Kunstdruck handelt.

❹ Knick in der Optik. Auch durch geschicktes Anordnen mehrerer kleinerer Spiegel lassen sich verblüffende Effekte erzielen. Hier gelingt es zum Beispiel durch deren unregelmäßige Ausrichtung, den gespiegelten Raum so zu verfremden, dass er wie ein kubistisches Wandbild wirkt. Picasso lässt grüßen.

❺ Neue Perspektiven. Es muss ja nicht gleich die ganze Wand sein: Auch Plakate und auf Posterformat vergrößerte Fotos rufen zuweilen erstaunliche Effekte hervor – und lassen sich mit deutlich weniger Aufwand wieder entfernen. Könnte ja sein, dass einem das Motiv irgendwann auf die Nerven geht.

Wohnideen 3: Kleine Küche – große Köche

Franziska (45) und Moritz (48) sind leidenschaftliche Hobbyköche. Für sich und die beiden Kinder probieren sie gern Rezepte aus, backen Kuchen, sie verarbeiten Obst und Gemüse aus dem Garten. Da ihre 12-Quadratmeter-Küche aus allen Nähten platzte, haben sie sich vor Kurzem eine neue Einbauküche geleistet. Sie bietet mehr Stauraum, mehr Arbeitsfläche und einen kompakten Essplatz, wenn es mal wieder schnell gehen muss. So bleibt der große Esstisch im Wohnzimmer unter der Woche fast unbenutzt.

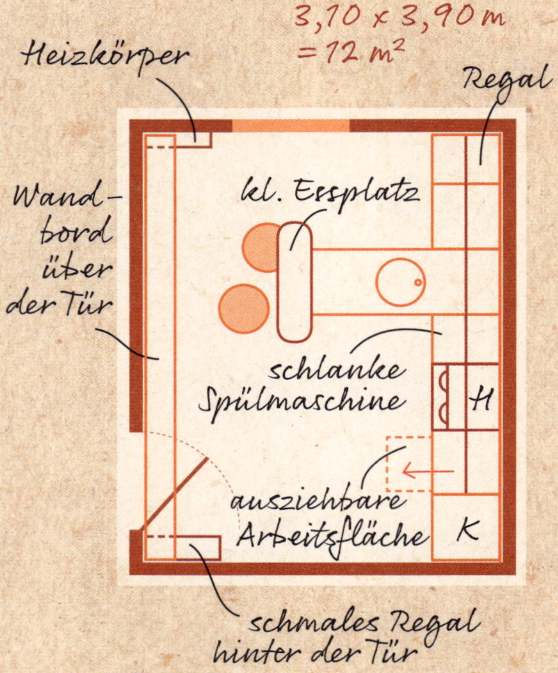

DIE LÖSUNGEN AUF EINEN BLICK:

1 Griffbereite Aufbewahrung: Dank der zum Teil mit Ablageböden versehenen Magnetleiste über der Arbeitsfläche sind Messer, Küchenhelfer und Gewürze stets in Reichweite.

2 Stauraum perfekt nutzen: Damit die offene Tür nicht über die Kochinsel ragt, besitzt der mittlere Teil des Hängeschranks links eine Falttür. Die Glastüren des rechten Hängeschranks rücken Geschirr ins rechte Licht und lassen die Front heller und großzügiger erscheinen.

3 Kompakte Extras: Mit Hilfe von Sockelschubladen unter den Küchenelementen lässt sich Platz, der etwa an der Schranktiefe eingespart werden musste, intelligent zurückerobern – bücken muss man sich allerdings schon.

4 Platzsparende Geräte: Ein schmaler Geschirrspüler, ein kompakter Herd, dazu die eingebaute Mikrowelle – dank guter Planung müssen Franziska und Moritz in ihrer neuen Küche keine Abstriche am Komfort machen.

5 Optimale Arbeitsfläche: Das ewige Problem kleiner Küchen, fehlende Arbeitsfläche, haben die beiden dank angebauter Kücheninsel und zusätzlicher Arbeitsplatte gelöst, die sich nach der Nutzung einschieben lässt.

6 Essen & Trinken: Die an der Kücheninsel erhöht angebrachte Tischplatte bildet zusammen mit den beiden Barhockern einen Ort fürs Frühstück oder kleine Mahlzeiten. Anschließend »wandern« die Hocker unter die Tischplatte.

PASTA
BUTTER
SUGO
1
2
2
2
2
3
4
4
5
6

1 GRIFFBEREITE AUFBEWAHRUNG

❶ Reingestellt und drangehängt. Wandfläche liegt in vielen Küchen brach. Ein intelligenter Weg, sie sich zunutze zu machen, sind kompakte Regale. Tipp: Vorher überlegen, was darin aufbewahrt werden soll und dann ein Modell mit dem richtigen Verhältnis von Fächern und Haken kaufen – oder anfertigen lassen.

❷ Schnell angekreidet. Olivenöl kaufen, an den Arzttermin denken, den Babysitter buchen – bloß nichts vergessen! Leider fällt einem derlei immer ein, wenn nirgendwo Stift und Zettel liegen. Vorschlag: Damit wichtige Gedanken nie mehr verlorengehen, werden sie ab sofort mit Kreide auf dem Regal verewigt.

❸ Frei schwebend. Eleganter und dezenter als Regale wirken von Clips gehaltene Wandborde. Ist das Bord aus Glas, dürfen es gern schicke Design-Clips sein. Schöne Lösung für Bereiche, in denen nicht mit (Koch-)Geschirr hantiert wird. Bruchgefahr!

❹ Konsequent variabel. Dank offener Seitenwände wirken Regalsysteme wie dieses schlank und unaufdringlich – und machen kleine Küchen nicht noch kleiner. Ganz zu schweigen von der Vielzahl der Aufbewahrungs- und Variationsmöglichkeiten.

❺ Extraschlanker Helfer. Drei Metallkörbe plus abnehmbarer Leergutsack plus Rollen – ein solcher Sammelwagen macht sich schnell unentbehrlich. Und unter die Arbeitsfläche passt er auch.

❻ Magisch angezogen. Nichts gegen einen Messerblock, aber er benötigt Stellplatz auf der Arbeitsfläche. An einer Magnetleiste sind die Messer ebenfalls ständig griffbereit – alles was es braucht, ist ein wenig Augenmaß beim Zupacken.

❼ Dekorative Hängung. Wie groß die Arbeitsfläche tatsächlich ist, sieht man erst, wenn mal nichts daraufsteht. Eine Hängeleiste mit verschiedenen Modulen sorgt für Platz – und das Ganze sieht dann auch noch überraschend gut aus.

2 STAURAUM PERFEKT NUTZEN

1 Zweistöckig. Ein Unterschrank mit Auszug und innen liegender Schublade ist unkompliziert zu bedienen und bietet zusätzlichen Platz für kleinere Teile, ohne die Frontoptik zu stören.

2 Ganz schön angepasst. Der Unterschrank unter dem Spülbecken zählt zu den klassischen Problemzonen. Ein in der Breite variables Steckregal mit verschiebbaren Böden lässt Platz für den Siphon und schafft Stauraum für Putzmittel, Lappen & Co.

3 Stiller Held. Herumstehendes Altglas und offene Biomüllbehälter nerven. Aber was soll man tun? Zum Beispiel einen Auszug mit einem Mülltrennsystem nachrüsten. Oder gleich bei der Planung darauf achten. Nicht glamourös, aber extrem hilfreich.

4 Kopfschonend. Nach oben öffnende Lift- und Schwingtüren ragen weniger in den Raum als Drehtüren. So läuft man keine Gefahr mehr, sich beim Hantieren bei offener Tür böse zu stoßen.

5 Mobile Module. Nicht immer muss eine Einbauküche den Stauraum liefern. Sehr vielseitig und flexibel sind modulare Lösungen. Und wenn sie dann noch Rollen haben, lassen sie sich bei Bedarf ruck-zuck an einen anderen Platz bewegen.

6 Tote Winkel nutzen. Jedes Mal mühsam in den Eckschrank kriechen war gestern. Heute sind ergonomische Schwenkauszüge gefragt, die sich komplett herausschwenken lassen und dadurch uneingeschränkten Zugriff auf Töpfe und Pfannen bieten.

7 Multitalente. Egal ob als Küchen-, Bücher- oder Kinderregal, ob mit Türen, Schubladen oder offen – Würfelmodule lassen sich immer wieder neu kombinieren und an Räume anpassen.

1

2

3

4

5

6

7

3 KOMPAKTE EXTRAS

1 Auf einen Blick. Trotz geringer Breite bietet ein Apothekerschrank viel Abstellfläche. Da der Inhalt von zwei Seiten zugänglich ist, entgeht kein Olfläschchen oder Vorratsglas dem suchenden Blick. Neben Einbau- gibt es auch freistehende Modelle.

2 Zwischenlager. Wird der Servierwagen – wie eigentlich fast immer – nicht zum Servieren von Speisen gebraucht, punktet er als praktische Ablage, auf der sich etwa Einkäufe parken lassen.

3 Unauffällig. Die Familie der Sockelschubladen gehört zu den eher unscheinbaren Vertretern der Gattung Stauraumwunder. Doch gäbe es sie nicht, würde das ganz schön auffallen.

4 Zügig abgetrocknet. Dank eines Türhandtuchhalters ist das Geschirrtuch stets griffbereit und trocknet quasi nebenbei. Nach getaner Arbeit kann der Abwaschdienst auf den zweiten Schwenkarm noch den Spüllappen packen.

5 Schlanke Ablage. Tiefe wird überschätzt, sagte der Konsoltisch und machte sich ganz dünn. Und siehe da: Dank Regalboden und Schublade bietet er Platz für viele Utensilien.

6 Durchschaubar. An der Wand »schwebende« Miniborde machen nicht nur optisch eine ganze Menge her: Aufgrund ihrer geringen Tiefe nehmen sie auch kaum Platz weg. Im Unterschied zu einem Wandregal wirkt alles viel luftiger und leichter.

7 Hängende Gitter. Wer die Tür an der Spüle nicht auf der Außenseite behängen will (siehe Bild 4), kann immer noch ihre Innenseite nutzen. So lassen sich etwa Spül- und Putzutensilien aus dem Blickfeld verbannen – und bleiben in Griffweite.

4 PLATZSPARENDE TECHNIK

❶ Kochen digital. Rühren, mixen, vermischen, zerkleinern, kochen, dampfgaren, wiegen, mahlen, kneten, schlagen, kontrolliert erhitzen, emulgieren – auch kompakte Küchenmaschinen können eine ganze Menge. Dieses Modell lässt sich per Touchscreen bedienen und führt über Displaybefehle durch den Kochvorgang. Nur die Zutaten muss man selbst kaufen.

❷ Sicher im Griff. Schnell ein Rezept im Internet nachschlagen, mit der TV-App die Lieblingsserie schauen oder mit Freunden skypen – das Tablet ist längst auch in der Küche angekommen. Dank einer Wandhalterung mit beweglichem Arm liegt es nicht herum, sondern lässt sich immer in die ideale Position drehen. Nur wenn Fett spritzt, dreht man es besser zur Wand.

❸ Ein Messer, viele Funktionen. Her mit Milchshakes, Smoothies und Cocktails! Mit seiner schlanken Linie ist ein Standmixer auch für kleine Küchen geeignet. Kann er zudem auch noch Suppen und Eintöpfe kochen und legt als Dampfgarer los, darf er auf ein Plätzchen auf der Arbeitsplatte hoffen.

❹ Schicker Lückenfüller. Kaffeesatz- und Wasserbehälter dieses Vollautomaten sind von vorn bedienbar. Das Gerät muss also nicht frei stehen, sondern ist auch mit einer Rolle als Lückenfüller zufrieden. Letztere muss nicht einmal besonders breit sein – in diesem Fall reichen knapp 30 Zentimeter.

❺ Weiße Ware, extra-slim. Mit nur 45 Zentimetern sparen Geschirrspüler wie dieses Modell in der Breite immerhin 25 Prozent gegenüber Standardmodellen. Interessant für alle, die ein freistehendes Modell benötigen oder eine neue Einbauküche planen. Auch Kühlschränke, Waschmaschinen und Wäschetrockner sind in »Unterbreite« erhältlich.

5 OPTIMALE ARBEITSFLÄCHE

❶ **Ausgezogen und losgeschnippelt.** Insgesamt zu wenig oder eine zu stark zerstückelte Arbeitsfläche – darüber schimpfen fast alle Besitzer kleiner Küchen. Recht haben sie: Wie sollen sie so Gemüse für den Eintopf schneiden oder einen Pizzateig kneten? Fehlt Fläche, lässt sich eventuell hinter einer Schubladenblende des Einbauschranks ein ausziehbarer Arbeitsplatz nachrüsten. Günstiger ist es natürlich, ein oder mehrere Ausziehmodule schon bei der Planung zu berücksichtigen.

❷ **Ins richtige Licht gesetzt.** Zuweilen sorgt weniger die Größe der Arbeitsplatte für Unmut, sondern die Lichtverhältnisse stören beim Arbeiten. Wer nicht das Glück hat, dass in den Boden des Oberschranks bereits LED-Leuchtstreifen der höchsten Effizienzklasse eingelassen sind (siehe Foto), kann platzsparende Unterbauleuchten oder selbstklebende LED-Bänder in Eigenregie nachrüsten. Auf Spritzschutz und gute Farbwiedergabe achten!

❸ **Skyline auf dem Herd.** Den Herd zur Arbeitsfläche machen – das gelingt mit einer Motivplatte aus Sicherheitsglas, auf der man problemlos schneiden kann. Außerdem lassen sich darauf heiße Töpfe und Pfannen abstellen. Beim Kochen wird die Abdeckplatte hinter dem Herd an die Wand gelehnt und dient als Spritzschutz. Aufpassen: Nur Abdeckplatten mit höhenverstellbaren Standfüßen eignen sich für alle Herdarten.

❹ **Clever vergittert.** Zusammengerollt lässt es sich platzsparend verstauen, auseinandergefaltet dient ein Spülbeckengitter aus Edelstahl als zusätzliche Abtropf- und Abstellfläche. Es hält sogar heiße Töpfe und Auflaufformen aus und ist optimal zum Abkühlen frisch gebackener Kuchen.

6 ESSEN & TRINKEN

1 Gar nicht aufgesetzt. Ein leicht auskragender Tresen auf der Kücheninsel sorgt für Beinfreiheit und die richtige Höhe, um vom Barhocker aus zu frühstücken. Mit zwei Barkonsolen, einem Stück Arbeitsplatte sowie etwas handwerklichem Geschick lässt sich eine solche Lösung auch nachträglich realisieren.

2 In der Umlaufbahn. Dank seiner um den Container herumfahrbaren Tischplatte und der kräftigen Farbe taugt dieser stylische Stehtisch nicht nur als Blickfang, sondern lässt sich auch vielfältig einsetzen, etwa als Saft- oder Kaffebar.

3 Auf großem Fuß. Ein Bistrotisch eignet sich gut für kleinere Küchen. Er nimmt wenig Platz in Anspruch und lässt sich bei Bedarf ohne große Mühe aus dem Weg räumen. Wer statt Stühlen Barhocker bevorzugt, kauft einfach einen höheren Tisch, unter den sich die Hocker nach dem Essen rücken lassen.

4 Essplatz mit Ausblick. Platzsparend und simpel umzusetzen ist ein solches Fensterbord mit Hockern. Damit die Wand unter dem Bord nicht nach kurzer Zeit fleckig und abgeschabt aussieht, empfiehlt sich ein vorheriger Anstrich mit abwaschbarem Tapetenschutz (»Elefantenhaut«).

5 Prima geklappt. Eine feine Sache sind Klapptische in verschiedenen Ausführungen. Bei manchen Modellen lässt sich die Tischplatte zusammenfalten, andere besitzen »Flügel«, die sich hochklappen und mit Stützen arretieren lassen. Wer es puristischer liebt, befestigt einfach ein Klappbord an der Wand.

6 Schlanker Tisch. Ein rechteckiger Bartisch passt vor allem in länglich geschnittene Küchen. Wer nicht gern auf Barhockern sitzt, ist mit einem niedrigeren Konsoltisch mit Rollen besser bedient, der sich nach dem Essen über die Sitzbank schieben lässt.

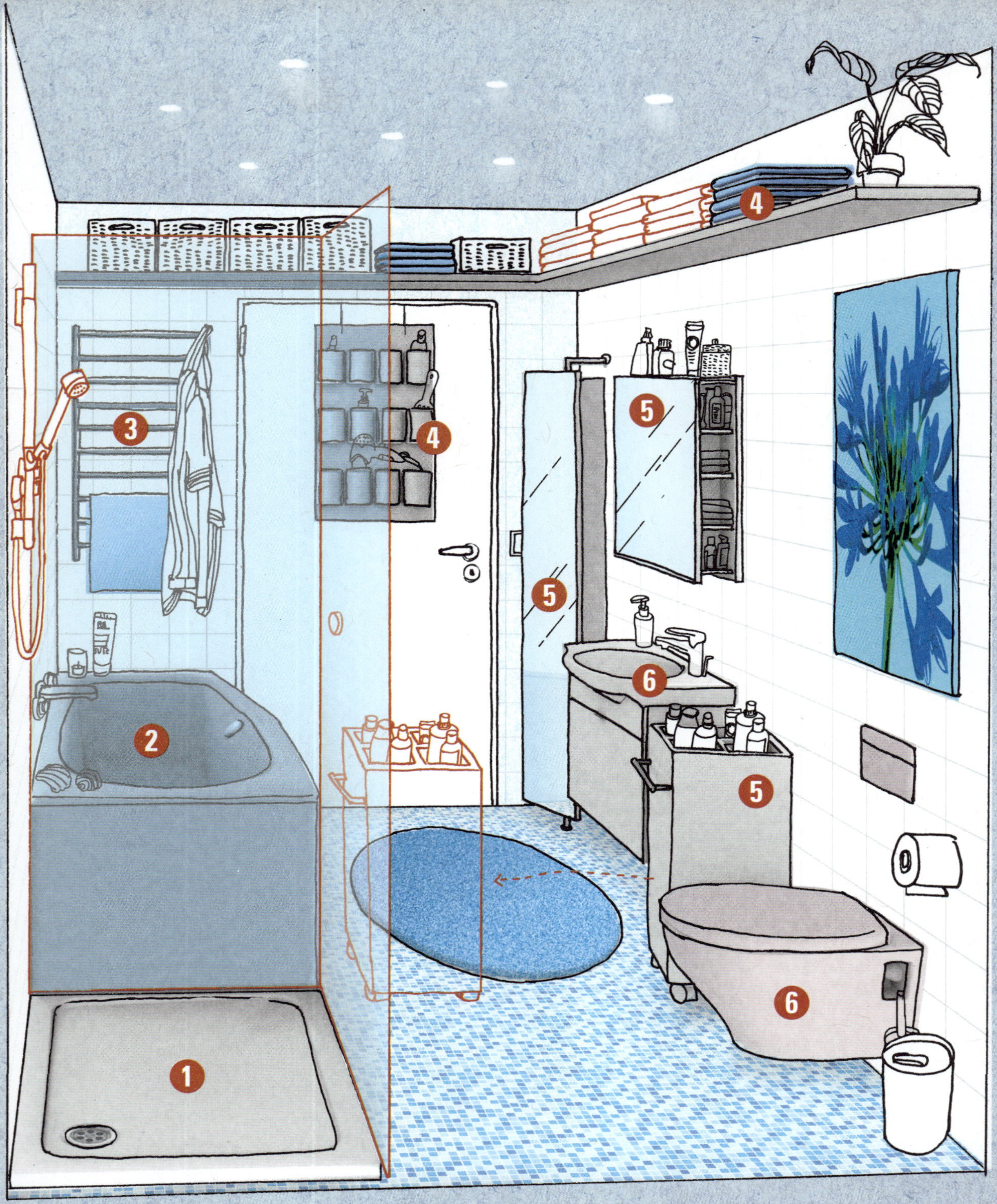
1
2
3
4
4
5
5
5
6
6

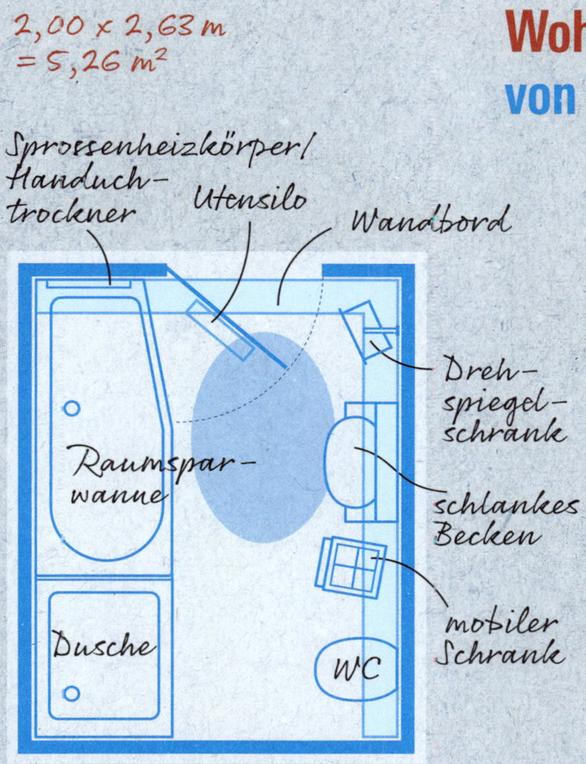

Wohnideen 4: Das kleine Bad – von der Nasszelle zur Wellness-Oase

Andrea (52) hat sich eine kleine, aber zentral gelegene Wohnung gekauft. Das Bad hat zwar kaum 6 Quadratmeter, doch sie war fest entschlossen, daraus einen Wohlfühltempel zu machen. Nur wie? Andrea hatte im Vorfeld diverse Wohnzeitschriften gewälzt, doch erst als sie eine befreundete Innenarchitektin hinzuzog, wurde aus dem Traum Wirklichkeit. Am Ende reichte der Platz nicht nur für Sanitärobjekte, Stauraum und Ablagen – in Andreas neuem Mini-Bad steht jetzt sogar eine Badewanne!

DIE LÖSUNGEN AUF EINEN BLICK:

1 Viel Platz beim Duschen: Die Freundin empfahl Andrea als erstes, eine ebenerdige Duschkabine mit Glaswänden sowie unauffälligen Befestigungsbeschlägen zu wählen. So bleibt der Raumeindruck erhalten, das gesamte Bad wirkt größer als zuvor.

2 Entspannt baden: Mit der Badewanne erfüllt sich Andrea einen Traum. Bislang reichte der Platz nicht, dann riet ihr die Freundin zu einem am Fußende schräg zulaufenden Modell, das genau neben die Tür passt.

3 Heizen & Trocknen: Statt des bisherigen Heizkörpers und eines separaten Handtuchtrockners sorgt nun ein kompakter Badheizkörper für Wärme. Außerdem lässt er Andreas Handtücher im Handumdrehen trocknen und wärmt während des Badens ihren Bademantel vor.

4 Praktische Aufbewahrung: Das L-förmige Wandbord bietet echt viel Platz. In den Fächern des Utensilos an der Tür lassen sich viele Dinge des täglichen Bedarfs verstauen. Weitere Ablagen bieten die offenen Seiten des Spiegelschranks und der Beistellwagen.

5 Stauraum schaffen: Da platzraubende Dinge schon untergebracht sind, benötigt Andrea nur noch einen schlanken Drehspiegelschrank und das Innere des Beistellwagens, um Parfumflakons, Haartönungen, Medikamente und Hygieneartikel unterzubringen.

6 Platzsparende Sanitärobjekte: Ein wandhängendes Kompakt-WC lässt den Boden frei und das Bad größer wirken. Der schlanke und ebenfalls hängend angebrachte Waschtisch verstärkt diesen Effekt.

1

2

3

4

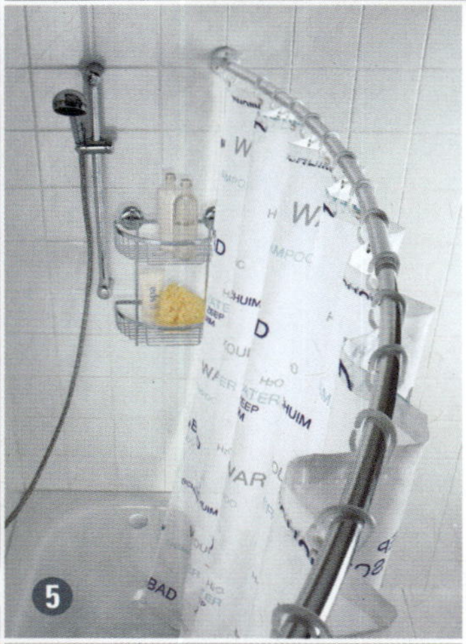
5

6

7

1 VIEL PLATZ BEIM DUSCHEN

1 **Frage der Fläche.** Viel weniger Grundfläche als eine herkömmliche Eckkabine benötigt diese Fünfecklösung. Dank des bodengleichen Einbaus und wegklappbarer Pendel-Falt-Türen ist der Ein- und Ausstieg denkbar komfortabel.

2 **Weiche Rundung.** Duschen in der Wanne? In vielen Minibädern Alltag. Diese an der Stirnwand platzierte kompakte Kombiwanne hat einen eigenen Duschbereich mit sanft geschwungener Glasabtrennung. Von Notlösung kann da keine Rede sein.

3 **Gut verborgen.** Stehen Umbauten an, ist es einen Gedanken wert, die neue Brausebatterie unter Putz montieren zu lassen. Aus der Wand schauen dann nur Duschkopf und Handhebel.

4 **Klappkabine.** Die Duschabtrennung blockiert oft wertvollen Platz. Diese Kabine besteht dagegen aus zwei selbstarretierenden Türen, die nach dem Duschen an einen Wandrahmen geklappt werden und so Armatur und Brauseschlauch verdecken.

5 **Kleine Idee, großer Effekt.** Eine nach außen gebogene Duschstange sorgt für deutlich mehr Bewegungsfreiheit. Außerdem bleibt der Duschvorhang so nicht mehr am Körper kleben.

6 **Dezenter Luxus.** Jeder Zentimeter zählt: Je flacher der Armaturenkörper an der Wand, desto mehr Platz zum Duschen. Der Duschkomfort bleibt bei hochwertigen Modellen derselbe.

7 **Runde Sache.** Die ringförmige Vorhangstange aus dünnem Edelstahl wirkt sehr filigran und lässt sich an der Decke befestigen. Vergleichbare Modelle gibt es etwa auch als Halbkreis und in L-Form – dann mit kombinierter Decken-Wandbefestigung.

4 ENTSPANNT BADEN

1 Schlaue Schräge. Das hier ist kein Knick in der Optik, sondern ein Knick in der Wanne. Genauer gesagt: Es handelt sich um eine Trapez- oder Schrägbadewanne. Sie verjüngt sich zur Raummitte hin und lässt das Bad großzügiger erscheinen. Trotzdem bleibt genügend Platz zum wohligen Planschen.

2 Runde Form. Eckbadewannen müssen weder klein, noch eckig, noch unbequem sein: Dank ihrer schwungvollen Formen schmiegt sich dieses Modell harmonisch an die Badwand. Die Wanne lässt sich sowohl zum Baden als auch zum Duschen verwenden und passt auch hinter Vorsprünge und in Nischen.

3 Wenig geradlinig. Frontpartie geschwungen, Innenraum oval: An dieser Eckwanne ist das einzig Eckige tatsächlich ihr Standort. Zugegeben, sie ist nicht so lang wie eine »Große«. Dafür lässt diese Wannenart mehr Raum für individuelle Wünsche. Die Palette reicht von schlicht und geradlinig bis hin zu vieleckig oder halbrund. Sich lang ausstrecken? Das geht anschließend wieder auf dem Sofa oder im Bett.

4 Kreativ und individuell. Eigenwilliges Äußeres, körpergerechter Innenraum – zwischen diesen beiden Polen lassen sich sechs- und achteckige Wannen einordnen. Darüber hinaus lässt sich etwa dieses sechseckige Modell durchaus platzsparend in eine Raumecke integrieren.

5 Maßgeschneidert. Üppige Silikonfugen, Fliesen als Lückenfüller, ungenutzter Raum: Wenn die Wannenmaße der Hersteller nicht zu den Abmessungen des Bades passen, sind oft Notlösungen die Folge. Kleiner Tipp: Manche Hersteller fertigen die Ränder einer Badewanne nach den Vorgaben des Kunden an. Das ist nicht gerade billig – doch zumindest Nachfragen kostet nichts.

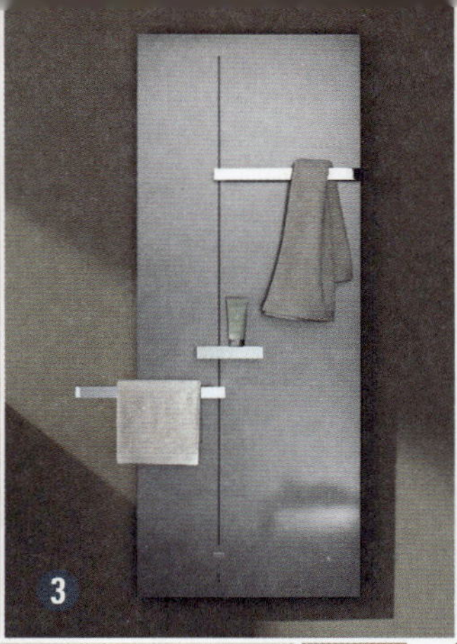

3 HEIZEN UND TROCKNEN

1 Vorbild Sonne. Infrarotheizplatten erwärmen nicht die Raumluft, sondern Gegenstände, Flächen – und Bewohner. So herrscht schon bei 18 Grad ein angenehmes Wohlfühlklima. Da sie sich nicht nur an Wänden, sondern auch an der Decke montieren lassen, sind eine platzsparende Alternative.

2 Emanzipiert. Der Heizkörper nicht als formloser Block, sondern als kompakter, ästhetischer und funktioneller Einrichtungsgegenstand – was könnte besser in ein Wohlfühlbad passen? Neben seiner Aufgabe als Handtuchtrockner bietet dieses Modell eine praktische Ablage für kleine Gegenstände.

3 Wärme-Design. Dank seiner vertikal verlaufenden »Funktionsfuge« empfiehlt sich dieser Heizkörper als Basis für zahlreiche Accessoire-Varianten, darunter Spiegel, Leuchten, Garderobenelemente sowie Handtuchbügel oder -haken.

4 Klare Sicht. In diesem Badspiegel steckt tatsächlich eine Infrarotheizung! Sie spart nicht nur Platz und kommt mit vergleichsweise wenig Energie aus. Sie heizt auch den Spiegel auf und verhindert so, dass er nach dem Duschen beschlägt.

5 Einfach unverbesserlich. Immer bereit, nie im Weg, keine Energiekosten – es gibt viele Gründe, die für einen klassischen Scherenwäschetrockner sprechen. Dieser hier schafft bis zu 20 Kilogramm und funktioniert drinnen wie draußen.

6 Anlehnungsbedürftig. So eine Handtuchleiter braucht nur ein schmales Fleckchen an der Wand. Im Gegenzug lässt sie nasse Textilien trocknen und punktet mit nützlichen Ablagen.

7 Platz an der Tür. Besitzer kleiner Bäder können sich eine Menge Luxus erlauben. Nur einen nicht: Die Tür ungenutzt zu lassen. Ob Mini-Garderobe, Utensilo oder – wie hier – Handtuchtrockner mit Hakenleiste: Frei bleiben muss nur die Klinke.

4 PRAKTISCHE AUFBEWAHRUNG

1 Alles an Bord. Ob breit oder schmal, einzeln oder übereinander, in Kopfhöhe oder unter der Decke – helle, unsichtbar befestigte Wandborde sind auch im Bad äußerst »nice to have«.

2 Fahrbare Fächer. Aufbewahrung mit Köpfchen: ein Regal, das sich durchs Bad fahren lässt – ob als eine Art »stummer Diener« vor die Badewanne oder als Raumteiler vors WC.

3 Körbe auf Rollen. Schminksachen, Lockenwickler und Badesalze liegen nicht mehr herum, wenn man sie in praktischen Körben aufbewahrt. Und wo bewahrt man die praktischen Körbe auf? Zum Beispiel in einem praktischen, schlanken Wagen.

4 Sicher am Haken. Plopp! Schon wieder hat sich ein Saugnapf von der Badwand verabschiedet – und mit ihm Schwamm, Lappen oder Bürste. Ein solcher Duschwandhaken hilft und macht auch »selbstklebende« Haken überflüssig.

5 Ablage auf Abwegen. Offiziell ein Blumenständer, handelt es sich bei näherem Hinsehen um eine zwischen Boden und Decke geklemmte Stange mit runden Ablagen in verschiedenen Höhen. Mit anderen Worten: Ideal für Schmuck und Schminke.

6 Schlanker Allrounder. Von der Garderobe zur Schminkstation. Wetten, dass sich für die Wandschiene mit Spiegel, Ablage und Gitterkörben noch andere Einsatzgebiete finden lassen?

7 Verkannter Eckensteher. Die gemeine Teleskopstange wird zu Unrecht unterschätzt. Sie fällt weder von der Wand ab (Saugnapf), noch beschädigt sie Fugen oder Fliesen (Dübel/Schraube). Zu bewundern an dieser platzsparenden Eck-Duschablage.

1

2

3

4

5

6

7

5 STAURAUM SCHAFFEN

1 **Geschickt versteckt.** Hinter einem Sanitärmodul lässt sich die gesamte Installationstechnik eines neuen Waschtisches verbergen. Dieses Modul bietet zusätzlich seitliche Auszüge mit Ablagefächern und wird so zum vollwertigen Badmöbel.

2 **Leicht verschoben.** Der Spiegel als Schiebetür – das ist nicht nur platzsparend, sondern hat den Vorteil, dass man sich bei geöffneter Tür weiter schminken oder rasieren kann.

3 **Großgeschummelt.** Minibad und raumbreiter Spiegelschrank schließen sich nicht aus. Im Gegenteil: Die große Spiegelfläche verleiht dem Raum Tiefe und lässt ihn größer wirken. Vom üppig vorhandenen Stauraum ganz zu schweigen.

4 **Mehr als nur Statist.** Statt den Wäschesammler verschämt in eine Ecke zu verbannen, lassen sich schön gestaltete Modelle mit Hockerfunktion als Hauptdarsteller engagieren.

5 **Um die Ecke gedacht.** Ein Vitrinenschrank mit dreieckiger Grundfläche macht tote Winkel nutzbar und nimmt kaum Platz weg. Interessanter Nebeneffekt: Die weiße Farbe und die verglaste Tür lassen den Raum großzügiger erscheinen.

6 **Hinter dem Spiegel.** Wie ein extraschlanker Wandspiegel mit 3D-Effekt wirkt dieser Hängeschrank bei geschlossener Tür. Dahinter verbergen sich jedoch sechs praktische Fächer, die ausreichend Platz für Handtücher & Co. bieten.

7 **Stauraum hoch drei.** Türen, Fächer, Schubladen – verschiedene Dinge brauchen jeweils andere Aufbewahrungsarten. So lässt sich auch in sehr schmalen Schränken jeder Winkel nutzen.

6 PLATZSPARENDE SANITÄROBJEKTE

1 Wand-Örtchen. In kleinen (Gäste-)Bädern sollte das WC-Becken auf jeden Fall ein »wandhängendes« Modell sein. So bleibt der Fußboden frei und der Raum wirkt größer. Raumsparpunkte bringen auch glänzendes Weiß und kompakte Abmessungen.

2 Saubere Lösung. Zwei Fliegen mit einer Klappe schlägt, wer sich für einen Eckwaschtisch entscheidet und ein Modell wählt, das sich zur Wandmontage eignet. Vorteil: siehe oben.

3 Bewusst getrennt. Damit das Raumsparen nicht an der Armatur scheitert, gibt es auch dafür kreative Lösungen. Hier befindet sich der Einhebelmischer auf dem Waschbeckenrand und der Wasserauslass (samt kleiner Glasablage) mittig darüber.

4 Bitte einhängen. Bei größeren und eher rechtwinklig geformten Waschbecken lässt sich oft der Rand nutzen, um Einsätze für die Seifenablage oder Handtuchhaken anzubringen.

5 Wasser von rechts. Ein paar Extrazentimeter in der Tiefe lassen sich mit Waschbecken sparen, deren Armatur seitlich angebracht ist. Dadurch reicht ihnen an der Wandseite ein schmaler Rand – und der Innenraum bietet trotzdem genug Platz.

6 Ganz schön schräg. Seine diagonale Form macht dieses Handwaschbecken nicht nur zum Blickfänger – sie verschafft ihm darüber hinaus auch eine praktische Ablagefläche.

7 Vorsprung genutzt. Nischen und Wandvorsprünge lassen sich bei guter Planung als Waschplatz nutzen. Da das Waschbecken eine geschwungene Form hat, kann es über den Unterschrank hinausragen, ohne dass man sich an einer Kante stößt.

Wohnideen 5: Zwei Jungen, ein Raum – Platzaufteilung im Kinderzimmer

Als Jonas drei wurde, durfte er endlich auch zum Schlafen ins Zimmer seines Bruders Luca (6) ziehen. Luca forderte zwar einen Teil des Raumes als eigenes Reich ein, fand die Idee sonst aber super. Mama Lea (36) und Papa Ole (35) fragten sich vor allem, wie sie die Betten platzsparend unterbringen sollten und hatten schließlich die Idee einer Schlaf-/Spiellandschaft. Außerdem ist Luca jetzt in der Schule und braucht einen Schreibtisch – eine einfache Lösung reicht allerdings. Um für Kinder unkompliziert nutzbaren Stauraum zu schaffen, baute Ole ein Podest mit Schubladen und kaufte ein zweites Modul für das Regal. So macht Aufräumen zwar noch immer keinen Spaß, lässt sich aber im Nu bewerkstelligen.

DIE LÖSUNGEN AUF EINEN BLICK:

1 **Schlafen auf wenig Raum:** Luca bekommt ein neues Hochbett. Quer darunter steht jetzt sein altes Kinderbett, in dem ab sofort Jonas schläft. Diese Konstruktion macht sich ganz nebenbei auch klasse als Piratenschiff – und liefert Stauraum für größere Spielsachen.

2 **Flexibler Schreibtisch:** Das neue Hochbett ist auch die Basis für Lucas ersten Schreibtisch – eine an den Streben fest verschraubte Holzplatte. Wenn die Kinder wachsen, lässt sie sich nach oben versetzen.

3 **Sitzen & mehr:** Stühle und Hocker würden hier wertvollen Platz kosten. Nur Luca muss als Schüler öfter sitzen – am Schreibtisch. So kommt der alte Kinderstuhl zu neuen Ehren. Da er keine Rollen hat und stabil steht, taugt er außerdem als Trittstufe am Eckregal.

4 **Praktische Aufbewahrung:** Damit die Jungen alles stets griffbereit haben, stehen Kunststoffboxen im offenen Eckregal. Vorm Schlafengehen ist so im Handumdrehen das Spielzeug aufgeräumt. Was übrig bleibt, stopfen die Jungen in die geräumige »Schatzkiste«.

5 **Stauraum mit Pep:** Für mehr Stauraum lassen Ole und Lea ein Podest einbauen, in dessen Körben Bausteine, Modellautos und andere Kleinteile wandern. Ganz nebenbei entsteht so ein separater Spielbereich.

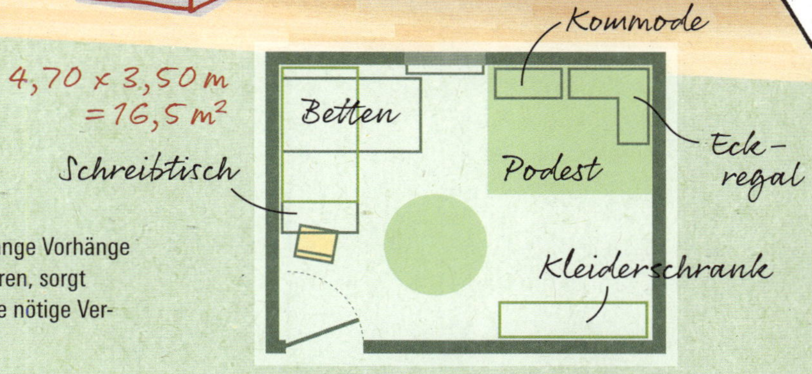

6 Fenster & Wände: Damit nicht bodenlange Vorhänge wertvollen Platz an den Wänden blockieren, sorgt nachts eine maßgefertigte Faltjalousie für die nötige Verdunklung – natürlich mit passendem Motiv.

1

2

3

4

5

6

1 SCHLAFEN AUF WENIG RAUM

1 Schnell ausziehen. Für Kinder, die oft Übernachtungsgäste beherbergen, ist ein Bettkastenbett ideal. Der Kasten dieses Modells besitzt einen Holzlattenrost und wird dank Schaumstoffmatratze zum bequemen Basislager für nächtliche Flüsterrunden.

2 Darauf oder daneben. Erweist sich der äußerst dringliche Wunsch nach einem Etagenbett als doch nicht so unumstößlich, ist es ganz praktisch, wenn Papa daraus zwei Einzelbetten machen kann. Oder doch lieber wieder ein Etagenbett. Oder...

3 Flexible Höhe. Für kleine Prinzessinnen ist ein solches Hochbett das Nonplusultra – am besten mit einem Puppentheater darunter. Kommt ein Geschwisterchen, lässt sich ein Zusatzrahmen einbauen. Falls nicht, wird der erste Rahmen irgendwann weiter unten eingehängt. Gibt's natürlich auch für Piraten.

4 Klein, größer, groß. Im Schulkindalter muss in der Regel ein neues Bett her – es sei denn, das Kinderbett wächst mit. Hat es ein ausziehbares Bettgestell, ist das kein Problem. Nur in Sachen Matratze müssen Eltern nachrüsten. Tipp: Rolllattenrost kaufen und im Lauf der Zeit immer weiter auseinanderziehen.

5 My bed is my castle. Vom Bett direkt an den Schreibtisch und nach den Hausaufgaben mit einem spannenden Buch wieder zurück: Ein Multifunktionsbett ist ein Stück eigenes Reich für größere Kinder, die sie sich ihr Zimmer teilen müssen.

6 Bau' mir eine Höhle! Für Entdecker, die aus ihrem Kinderbett ausziehen wollen, aber noch nicht ganz so hoch hinausdürfen, ist ein Höhlenbett das Paradies. Besonders praktisch, wenn die Eltern dafür nur einen Erweiterungssatz kaufen müssen.

2 FLEXIBLER SCHREIBTISCH

❶ Kompakte Einheit. Auch wenn der Schreibtisch Rollen hat, verschwindet er sicherlich nicht täglich unter dem halbhohen Bett. In den Ferien oder wenn der beste Kumpel zum Übernachten kommt, sieht die Sache schon anders aus. Leuchte, Unterlage & Co. wandern dann in die kompakte, zweitürige Kommode.

❷ Kreative Zone. Stabile Arbeitsplatte, magnetische Rückwand zum Anordnen der Ablagen, kompakte Maße – der Klappsekretär macht auch im Kinderzimmer eine gute Figur. Im geschlossenen Zustand wird seine mit Tafellack beschichtete Front zum Memoboard samt schmaler Ablageleiste für die Kreide.

❸ Überlegenes System. Unterm Bett Hausaufgaben machen – das klingt komisch. Gehören Hochbett und Schreibtisch dagegen zum selben Möbelsystem, lassen sich aus Einzelkomponenten individuelle und optisch ansprechende Lösungen zaubern.

❹ An der Wand. Manche Regalsysteme bieten die Möglichkeit, eine Schreibtischplatte samt Stauraum zu integrieren. In einem eher schmalen Kinderzimmer, wo sich ohnehin die Längswände als Stellplatz für sämtliche Möbel aufdrängen, kann ein multifunktionales Regal die Lösung schlechthin sein.

❺ Kleinmöbel ganz groß. Sie bieten Stauraum, dienen als zusätzliche Sitzgelegenheit und verschwinden schnell wieder unter dem Schreibtisch: Rollcontainer werden oft unterschätzt, sind aber praktisch. Es muss ja nicht gleich ein Turm sein – für den Anfang reicht auch ein Türmchen.

❻ Treuer Begleiter. Soll es ein »richtiger« Schreibtisch sein, muss er mitwachsen können. Seine Platte muss sich in der Höhe verstellen lassen, Neigefunktion ist ein hübsches Extra. Wichtig für kleine Räume sind luftige Bauweise und kompakte Maße.

3 SITZEN & MEHR

❶ **Drehen, drehen.** Kinder haben wenig Sitzfleisch. Doch im Stehen zu schreiben ist auch schwierig – und mit jedem Jahr ist mehr für die Schule zu tun. So ein Drehstuhl ist kompakt, mobil, verstellbar und lässt sich leicht unter den Schreibtisch schieben.

❷ **Farbig und flexibel.** Stuhl und Spielzeug in einem – klingt nach einer prima Kombination. Ein Beispiel? Auf den Kopf gestellt bietet dieser Kinderstuhl eine um zehn Zentimeter höhere oder niedrigere Sitzhöhe. Frontal auf den Boden gelegt, gibt er dank der abgerundeten Seiten eine klasse Wippschaukel ab.

❸ **Idealer Rückzugsort.** Für die bequemen und kuscheligen Momente im Leben ist so ein Hängestuhl genau das Richtige. An einem Balken oder direkt an der Decke befestigt, wird er binnen kürzester Zeit zum Lieblingsplatz. Und auf dem Fußboden ist genauso viel Platz wie zuvor.

❹ **Vielseitiger Sack.** Was haben Lümmeln, Fläzen und Flegeln gemeinsam? Exakt: Man tut es ungern auf dem nackten Boden. Ein Sitzsack kommt da wie gerufen. Er ist kompakt, passt sich dem Körper an und lässt sich leicht von einer Raumecke in die andere ziehen. Mit etwas Übung verwandelt sich ein Sitzsack ruck-zuck in einen Sessel oder eine Liegefläche.

❺ **Luftige Liege.** In einer Hängematte zu liegen, ist für Kinder Gaudi und Abenteuer – und darüber hinaus sogar förderlich für die Körperhaltung. Damit kleine Kinder nicht herausfallen, ist für sie allerdings eine geschlossene Aufhängung Pflicht – also ohne Querstreben. Die Hängematte blockiert keinen Platz auf dem Boden und ist bei Bedarf schnell zusammengelegt.

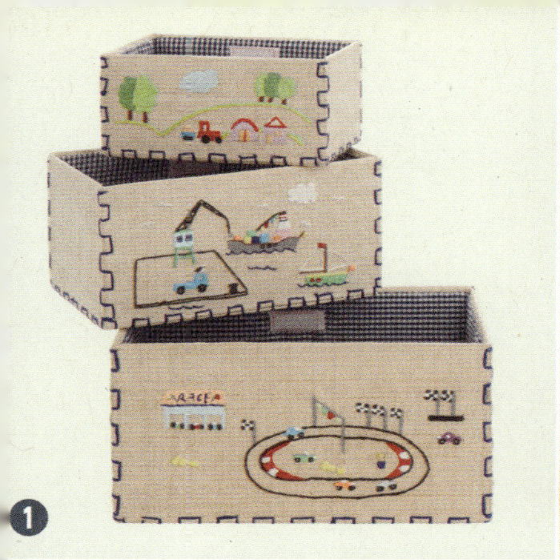

4 PRAKTISCHE AUFBEWAHRUNG

1 Immer rein damit. Spielzeugkörbe helfen Kindern, schnell aufzuräumen, ohne wirklich aufzuräumen. Immerhin: Die Spielsachen liegen dann nicht mehr auf dem Boden herum – und die Körbe lassen sich im Nullkommanix unters Bett kicken. Mit etwas Wohlwollen lässt sich sagen: Aufräumen, Level eins.

2 Schön ordentlich. Riesigen Spaß macht das Werfen auf ein Wandregal mit offenen Fächern. Da dessen Inhalt allerdings permanent zu sehen ist, werden die Eltern verlangen, die Sachen ordentlich hineinzulegen. Geeignet für Kinder, die ihre Lieblingskuscheltiere, -bücher und -bausteine im Blick haben wollen.

3 Körbeweise. Ein Aufbewahrungsregal bietet viele Vorteile: Es braucht wenig Platz und nutzt die Raumhöhe. Die Drahtkörbe lassen sich problemlos in die Laufschienen schieben. Da sie zudem durchsichtig sind, sieht man immer gleich, was drin ist.

4 Kreativ kombiniert. Ein Würfelmodul auf Rollen ist garantiert ein tolles Puppentaxi – das jedoch schnell aus allen Nähten platzt. Wer auf ein Modulsystem setzt, kann seinen Kindern aus verschiedenen Elementen ein ganz individuelles Regal bauen. Oder eine Kommode. Oder auch ein Riesen-Rollmobil.

5 Kleinteilig. Ein paar Bastelkörbe aus Kunststoff, an eine an Wandschienen befestigte Lochwand gesteckt, bewahren Glitzersterne, Plastikperlen und Feenstaub davor, auf Nimmerwiedersehen unter Schrank, Bett oder Teppich zu verschwinden.

6 Größer, breiter, höher. Wachsende Spielzeugsammlungen gehören am besten in ein erweiterbares Aufbewahrungssystem. Dieses hier lässt sich dank verschiedener Rahmenformen sowie herausnehmbarer großer und kleiner Kunststoffboxen nahezu beliebig aufstocken – Wandbefestigung inklusive.

5 STAURAUM MIT PEP

❶ Flach und faltbar. Freier Platz unterm Kinderbett lässt sich unkompliziert als Stauraum nutzen. Kompakte, verschließbare Aufbewahrungsboxen sorgen dafür, dass nicht (mehr) gebrauchtes Spielzeug sowie Kissen und Decken ihren Platz haben.

❷ Matrose, ahoi. Wenn schon ein Schrank, dann wenigstens einer, der cool aussieht. Wenn er zudem innere Werte hat – etwa Einlegeböden und eine praktische Schublade – umso besser.

❸ Bunte Spielkiste. Ob Bäckerei, Fischladen oder Kochherd – wenn der Nachwuchs den Spielzeugkorb dank lustiger Applikationen als Spielgerät adoptiert, klappt es vielleicht auch mit dem Aufräumen. Im besten Fall spart man sich sogar den Kaufladen.

❹ Puppenhaus im Schrank. Kein Platz für eine separate Puppenstube? Eventuell lässt sich ja in einem bereits vorhandenen Wandschrank oder Regal ein Plätzchen finden. Rückwand mit Geschenkpapier bekleben, eventuell Regalböden versetzen – schon können die Bewohner samt Einrichtung einziehen.

❺ Klein, aber mein. Wohnen zwei Kinder in einem Raum, müssen sie Kompromisse schließen und teilen lernen. Dennoch braucht jedes Kind auch eigene Sachen. Ein kompakter Schrank mit Fächern und Schubladen hilft, den Überblick über Lieblingspuppen, -bücher und -klamotten zu behalten. Steht er im Weg, rollt man ihn einfach dahin, wo man ihn gerade braucht.

❻ Ausgewickelt. Eine Wickelkommode ist pro Kind rund drei Jahre in Gebrauch – und dann? Dann klappt man idealerweise den vorderen Teil der Liegefläche nach oben und freut sich über ein zusätzliches Regal. Der Stauraum hinter den zwei Türen und den beiden Schubladen bleibt natürlich erhalten.

1

2

3

4

5

6

6 FENSTER UND WÄNDE

1 Blicke unerwünscht. Sind im Erdgeschoss die Rollläden oben, kann jeder einfach hereinschauen. Deshalb braucht man noch lange keine Vorhänge. Wer sein Kind vor Blicken schützen will, greift zu einer Sichtschutzfolie mit nettem Motiv.

2 Maßarbeit. Fenster ohne Außenrollläden lassen sich von innen mit Rollos verdunkeln – vom halbtransparenten Sichtschutzrollo bis zum undurchlässigen Verdunklungsrollo. Besonders platzsparend sind Rollos, die genau in die Fensterlaibung passen.

3 Wie auf Schienen. Für Dachflächenfenster eignen sich Verdunkelungsrollos, die in zwei seitlichen Führungsschienen laufen und sich am Tag stufenlos positionieren lassen.

4 Holzspielplatz. Ob Klappspiel (im Bild), Eck- oder Steckspiel, Domino oder Babyspielwand – vor allem für kleinere Kinder gibt es eine Vielzahl von Wandspielen aus Holz. Diese schulen das Sehen und Fühlen – und vor lauter Neugier klappt's dann womöglich auch schneller mit dem Stehen...

5 Junge Künstler. Sie pappen sie an die Scheibe, pinnen sie an die Wand oder kleben sie an die Tür – irgendwo müssen junge Talente ihre Kunstwerke ja ausstellen. Mittlerweile gibt es sogar Möbel mit Frontleisten, hinter die sich die Bilder klemmen lassen. Wie wäre es statt dessen mit ein paar schlichten Rahmen und einer spontanen Hängung mit wechselnden Motiven?

6 Tafel-Wand-Tattoo. Ob als Baum, als Wal oder als Haus mit kleinen Buchstaben-Zimmern: Mit Kreide bemalbare Wandsticker aus Vinyl gibt es auch fürs Kinderzimmer in unzähligen Variationen. Sie kleben auf allen glatten Flächen, lassen sich leicht abwischen und später leicht wieder entfernen.

Wohnideen 6: Gute Stube ade – das flexible Wohnzimmer

Bernhard (62) wohnt mit Frau Karin (60) in einer 3-Zimmer-Wohnung, deren Mittelpunkt das Wohnzimmer ist. Da die anderen Räume zu klein sind, wird hier auch gegessen und gearbeitet. Von ihrer gemütlichen Sitzecke aus genießen die beiden am liebsten klassische Konzerte und alte Western. Da Bernhards Standboxen ein Ärgernis für Karin waren, hat er sich einen kompakten Soundbar gekauft. Raum für Bücher und Reiseandenken bieten zwei deckenhohe Regale. Insgesamt ist Flexibilität Trumpf: Das Sofa lässt sich zum Gästebett umwandeln, der Esstisch ist auch als Schreibtisch nutzbar und der Raumteiler mit TV-Gerät, Heimkinoanlage und seitlichen CD-Fächern lässt sich verdrehen.

DIE LÖSUNGEN AUF EINEN BLICK:

1 Durchdachte Aufbewahrung: Damit beim Eintreten die Sofalehne nicht wie eine Sperre wirkt, haben Bernhard und Karin die Rückseite mit einem Regal kaschiert, in dem sie ihre Bildbände unterbringen. Deren farbige Buchrücken bilden einen interessanten Blickfang.

2 Platzsparende Ablagen: Auf der Konsole ist Platz für Tischleuchte, Kerzenständer und Dekoobjekte. Praktisch für in Gebrauch befindliche Dinge wie TV-Programm und Trinkgefäß sind der Beistellwagen und die abnehmbare Klemmablage über der Armlehne des Sofas.

3 Präsentieren: Schrankwände machen Räume klein – schlanke Regale lassen sie luftig wirken. Hier präsentieren Bernhard und Karin Souvenirs, Bilder und ausgewählte Bücher. Da einige Fächer verschiebbare Türen haben, bleibt auch genügend Platz für die Hausbar.

4 Heimelektronik und Stauraum: Die in der Raummitte liegende Bodensteckdose brachte Bernhard auf die Idee, sich ein bewegliches TV-/Hi-Fi-Rack zu bauen. So kann er überall im Raum fernsehen und Musik hören.

5 Kompakte Technik: Bitte dezent und ohne Kabelgewirr – so lautete Karins Wunsch zum Thema Technik. Dank Bluetooth-Verbindung kann Bernhard auf dem Soundbar kabellos Musik von Smartphone und Tablet abspielen. Auch der Subwoofer ist im Soundbar integriert.

5,00 x 6,50 m
= 32,5 m²

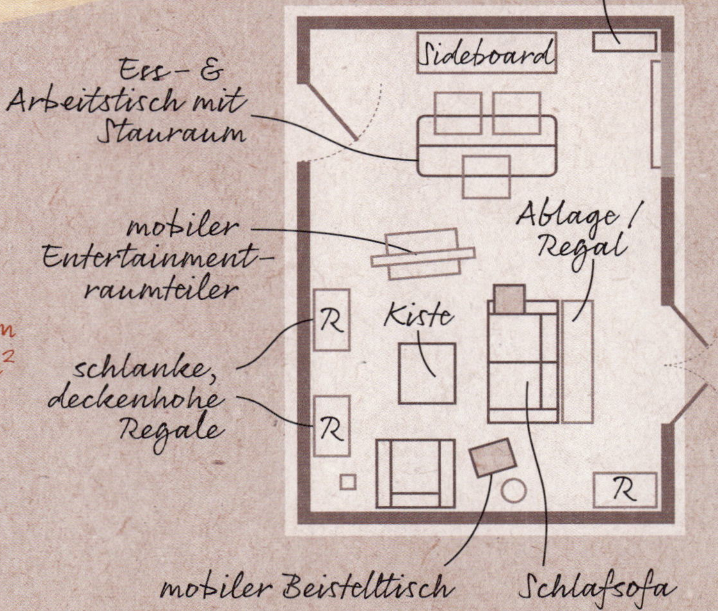

6 Vielseitiger Tisch: Einen Arbeitsplatz zu Hause brauchen beide nicht mehr. Um Papierkram zu erledigen, stellt Bernhard eine Seite des Esstisches schräg. Will er Fotos bearbeiten oder mit den Kindern skypen, holt er den Laptop aus dem Fach unter der Tischplatte.

1 DURCHDACHTE AUFBEWAHRUNG

1 Versteckte Schätze. Der hölzerne Couchtisch im Design einer Truhe lässt sich mit allerlei Habseligkeiten füllen, die sonst am liebsten herumliegen. Heiße Kandidaten sind Geschenkpapierrollen, Gebrauchsanleitungen und der Teelichtvorrat.

2 Höhenunterschied. Couchtische mit Stauraum müssen nicht groß und klobig sein. Auch eher zierliche Vertreter bieten Platz für ein paar Zeitschriften, Bücher oder den Tablet-Rechner.

3 Leicht und luftig. Regale ohne Rückwand sind perfekt als Raumteiler. Auch an der Wand stehend lassen sie Räume großzügiger wirken. Ein paar Türen tun der Sache keinen Abbruch.

4 Niederungen nutzen. Unter Fenstern und Schrägen bieten Low- oder Sideboards sowie breite Kommoden Extra-Stauraum – manche eignen sich obendrein sogar als Fensterbank.

5 Mehr Platz im Regal. In der Höhe verschenkter Platz im Bücherregal lässt sich mit einem Steckmodul nutzbar machen. Es lässt sich auch seitlich anbringen. Für kleine Räume sind Regale erste Wahl, die tief genug für nur eine Buchreihe sind.

6 Hochgestapelt. Bücher mal anders – nämlich gestapelt – präsentieren übereinander angebrachte Wandborde und schmale Regale. Dann passt die heimische Bibliothek sogar in die Nische.

7 Bücherturm. Raumsparende Alternativen zum klassischen Bücherregal sind schlank, schick und streben in die Vertikale. Bei diesem Exemplar lassen sich auf Ablageböden um eine drehbare Mittelsäule bis zu 245 Bücher unterbringen.

8 Leicht verrückt. Stauraummöbel auf Rollen lassen sich problemlos von A nach B schieben. Mit einem Satz Möbelrollen (Belastbarkeit beachten!) und etwas Geschick lässt sich so ein mobiles Regal aus einem alten Schränkchen auch selbst herstellen.

1

2

3

2 PLATZSPARENDE ABLAGEN

1 Betonkasten. Ein stylischer Couchtisch ist immer ein Blickfang. Dieses kompakte Modell aus grauem Beton mit weißen Kunststoffrollen besitzt zudem ein praktisches Ablagefach.

2 Einfacher Dreisatz. Warum einen Beistelltisch, wenn man drei haben kann? Ob einzeln, als Tischgruppe oder überlappend in einer Reihe – ein Dreisatztisch ist ein Objekt kreativen Gestaltens, dessen Ablageflächen sich nach Bedarf variieren lassen.

3 Drahtgestell mit Platte. Filigrane Konstruktion, minimalistisches Design, edle Oberflächen – dank ausgeklügelter Formen finden diese Tischchen als Coffee- oder Sidetable wie von selbst ihren Platz am Sofa – einzeln oder kombiniert.

4 Service-Station. Stauraum für Bücher und Zeitschriften, Platz für eine Leselampe und jede Menge Ablagefläche für Brille, Trinkglas und Laptop – wer ein solches halbhohes Regal an der Sofa(rück)seite unterbringt, muss (fast) nie mehr aufstehen.

5 Leicht manövrierbar. Ob aufrecht stehend als Beistelltisch, um 90 Grad gekippt als Tischchen mit Zeitungsständer oder als Ordnerregal von hinten an die Schreibtischplatte gehängt – oft ermöglichen die einfachsten Formen die vielseitigste Nutzung.

6 Doppelfunktion. Wie ein Trolley lässt sich dieser Beistelltisch durch die Wohnung bewegen. Der angewinkelte Ablagebügel verhindert, dass Bücher und Magazine herunterfallen.

7 Netter Luftikus. Groß muss ein Tischchen gar nicht immer sein. Eine Mini-Ablage reicht oft schon. Dann spricht alles für ein zierliches Designermodell mit Tendenz zum Lieblingsstück.

4

5

6

7

3 PRÄSENTATION

1 Schlichte Möbel. Bibliophile Bücher, Kristallgläser, selbstgemachte Keramik – das Wohnzimmer ist der Ort, um zu zeigen was man hat. Was sich nicht an die Wand hängen lässt, wird in einer Wohnwand oder Vitrine präsentiert. Besonders besucherfreundlich: ein Regalsystem, das umfassende Einblicke gewährt.

2 Bescheidene Bretter. Dezente Borde und schlanke Regalleisten in Wandfarbe haben eine Menge für sich. Sie nehmen a) wenig Platz weg, bieten b) genügend Platz für aufgestellte Bilderrahmen, kleine Skulpturen und Kästchen und lassen sich c) mit wenigen Handgriffen umdekorieren.

3 Beste Sicht. Wer sagt, dass eine Vitrine nicht bis zum Boden reichen darf? Sie muss ja nicht auf Beinen stehen. Noch besser: ein modulares System. Es lässt sich den räumlichen Gegebenheiten anpassen. Schiebetüren ermöglichen platzsparendes Öffnen. Perfekt für kleine Räume sind verglaste Seiten: Sie erlauben schräge Einblicke und lassen das Möbelstück gläsern und damit nahezu unsichtbar wirken.

4 Locker arrangiert. Module sind keinesfalls dazu da, immer nur zusammengebaut zu werden. Genauso gut lassen sie sich getrennt voneinander aufstellen – oder -hängen. Auf diese Weise können etwa Wohnzimmerwände kreativ mit Stauraum bestückt werden, ohne zugebaut oder eingepfercht zu wirken.

5 Gläserne Visionen. Ausstellungstücke optimal zur Geltung bringt eine helle Vitrine mit großen Glasflächen und hellem Korpus. Wer dem Ganzen einen rustikalen Look verleihen will, setzt sie auf dunkle Holzbeine. Denkbar wäre aber auch, die Konstruktion mit Hilfe von Winkeln oder Konsolen aus dem Baumarkt wandhängend, also schwebend, zu installieren.

1

2

3

4

5

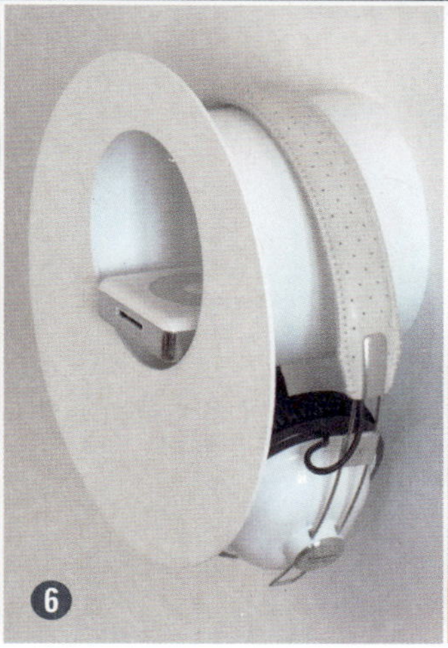

6

7

4 HEIMELEKTRONIK UND STAURAUM

1 Sendepause. Auch wenn er flach, leicht und irgendwie auch ganz schick ist – ausgeschaltet ist ein Fernseher eine optische Herausforderung. Wer kein schwarzes Loch im Raum will, sollte es in einem Regal verschwinden lassen, etwa hinter einer rahmenlosen Schiebetür aus farbigem Glas.

2 Neue Energie. Tablet-Rechner haben längst den Einzug ins Wohnzimmer geschafft – und das nicht nur als »Zweitbildschirm« beim Fernsehen. Irgendwann geht aber jedem Modell mal die Puste aus. Damit es beim Laden nicht herumliegt, empfiehlt sich eine schlaue Lösung wie dieses Mini-Wandregal.

3 Boliden in der Garage. Früher beherrschten oft die Stereoanlage und hohe Standboxen das Wohnzimmer. Heute tun Puristen alles, um ihre Hi-Fi- oder Heimkinokomponenten elegant zu verstecken, etwa in einem kompakten Lowboard aus Naturholz.

4 Hinter der Jalousie. Das Gute an Flachbild-TVs: Sie passen selbst in flache Regale. Und eine maßgefertigte Jalousie können geübte Heimwerker auch nachträglich anbringen.

5 Freie Platzwahl. Hier wird gar nichts versteckt: Fernseher und Soundbar sind an einem schlanken Rack befestigt. Die Verkabelung verschwindet in der vertikalen Säule. Allerdings sollte der Weg zur Steck- und TV-Dose nicht zu weit sein, um keine endlosen Kabel verlegen zu müssen.

6 Runder Rastplatz. Kopfhörer und MP3-Player bleiben nach dem Musikgenuss gern irgendwo im Raum liegen. Diese dezente Wandablage gibt ihnen eine Bleibe. Das Kopfhörerkabel lässt sich unsichtbar hinter der Frontblende aufwickeln.

7 Wohnwand 2.0. In ein offenes Regal mit geringer Tiefe passt so eine Flachbild-Flunder perfekt hinein. Hier trägt nichts auf – so dass sogar ein kleines Wohnzimmer großzügig wirkt.

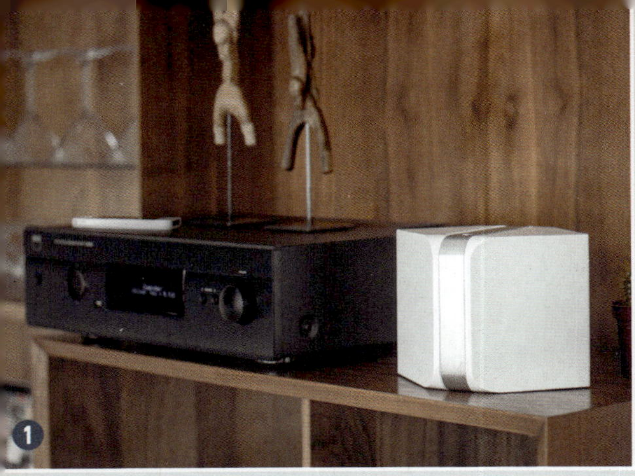

1

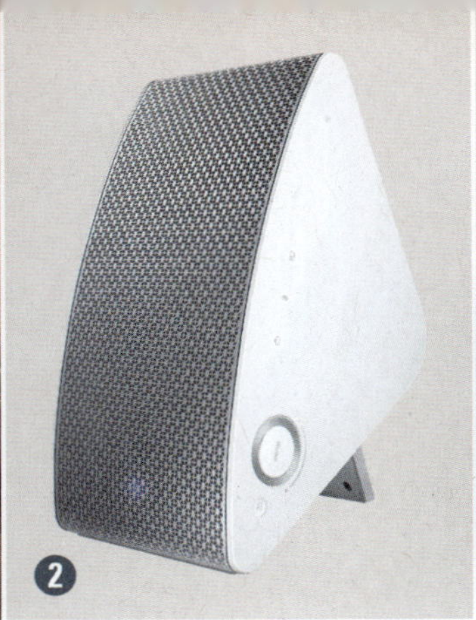

2

3

4

5

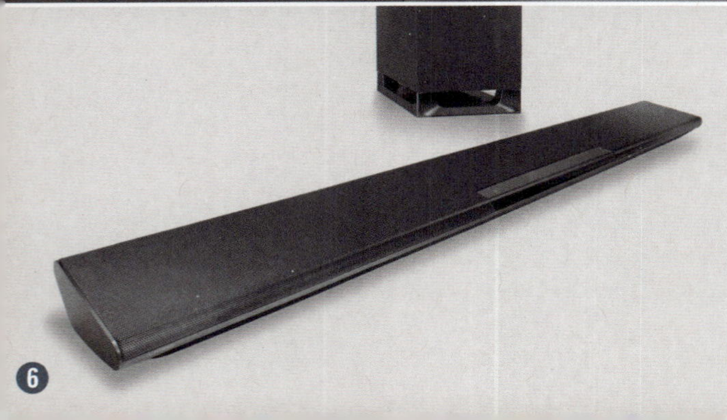

6

5 KOMPAKTE TECHNIK

1 Streaming-Würfel. Im Heimnetzwerk gespeicherte Musik und die Stereoanlage schienen lange unvereinbar. Heute ist es mit Hilfe kleiner Zusatzbausteine möglich, digitale Musik auf die Anlage zu streamen. Diese öffnen obendrein den Zugang zu Tausenden Webradio-Stationen und Internet-Musikdiensten.

2 WLan-Lautsprecher. Wer seine alte Anlage lieber ausrangiert und auf ein Multiroom-System setzt, kann über kompakte Funklautsprecher in jedem Zimmer andere Musik hören – kabellos. Gesteuert wird das Ganze per Handy-App.

3 Heimkinoanlage. Flache Abspielgeräte, ultrakompakte Lautsprecher – im Wohnzimmer ist Minimalismus Trumpf. Um sich lästiges Kabelverlegen zu ersparen, setzen immer mehr Filmfans bei den Surround-Lautsprechern auf kabellose Modelle.

4 Mikro-Hi-Fi-Anlage. Auch Traditionalisten kommen platzsparend auf ihre Kosten: Mikroanlagen spielen CDs ab und bieten Anschluss für mobile Abspielgeräte. Viele beherrschen auch den DAB+-Standard für digitales Radio in bester Tonqualität.

5 Design-Board. Ob WLan-Router oder Mini-Computer, externe Festplatte oder Tablet-Rechner – dieses Wandbord mit integrierter Stromversorgung lässt sie samt der dazugehörigen Verkabelung in seinem Inneren verschwinden. Passt nicht alles hinein, schließt man einfach ein zweites Bord an.

6 Soundbar. Wie soll aus einem flachen Fernseher raumfüllender Sound kommen? Schließt man einen kompakten »Klangriegel« an, sieht die Sache ganz anders aus. Neuere Modelle können sogar kabellos Musik von Smartphone oder Tablet abspielen.

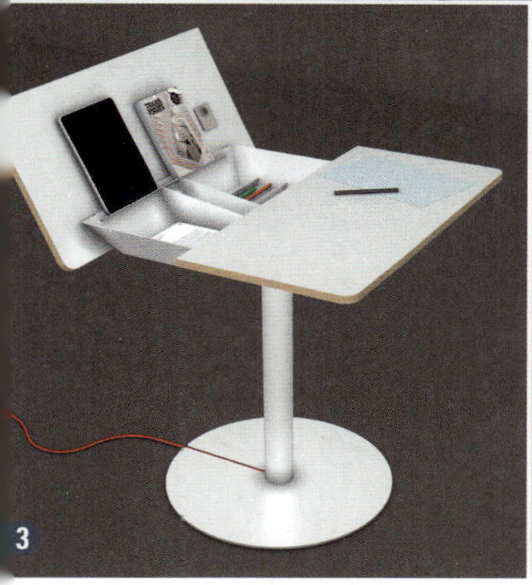

6 ESSEN UND ARBEITEN

❶ **Doppelrolle.** Wer in größeren Abständen im Home Office zu Gange ist, kann problemlos am Esstisch arbeiten. Auf einem schönen Modell mit genügend Ablagefläche macht das sogar Spaß. Bevor man jedoch Laptop, Akten und Büroutensilien täglich mehrmals hin- und herräumt, empfiehlt sich das Einrichten eines separaten Arbeitsplatzes – und sei er noch so klein.

❷ **Knick in der Platte.** Eine Menge Platz für Bücher, Ordner und tausend andere Dinge bietet dieses zierliche Modell dank seiner im hinteren Teil abgeknickten Tischplatte. Als klassischer Familien-Esstisch taugt er nicht wirklich – für kleinere Snacks und Mahlzeiten in Arbeitspausen dagegen schon.

❸ **Zweigeteilt und aufgeklappt.** Dieser kompakte Mehrzwecktisch besitzt eine geteilte Tischplatte. Deren eine Hälfte lässt sich zum Arbeiten aufklappen und als Ablage für Bücher nutzen, während man auf dem anderen Teil arbeitet. Im aufgeklappten Modus steht zudem der Inhalt der unter der Platte vorgesehenen Stauraumfächer griffbereit zur Verfügung.

❹ **Vier-Fach-Begleiter.** Je weniger auf dem Tisch herumliegt, desto weniger ist aufzuräumen. Apropos: Wer keinen Schreibtisch besitzt, muss sich anderweitig Platz organisieren. Für daheim ist ein Rollcontainer im »Wohlfühllook« ideal – etwa mit Holzkorpus und warmem Farbton. Das lässt sich unter oder neben dem Tisch verstauen und für mehr Beinfreiheit wegrollen.

❺ **Schlanke Linie.** Ob Studentenbude oder erste eigene Wohnung: Dank schlanker Bauweise und kompakter Maße passt dieser Tisch in die kleinste Hütte. Kommt mal Besuch zum Essen, werden die Kabeldurchlässe in der Tischplatte mit einer Blümchendecke kaschiert – und anschließend weitergeschuftet.

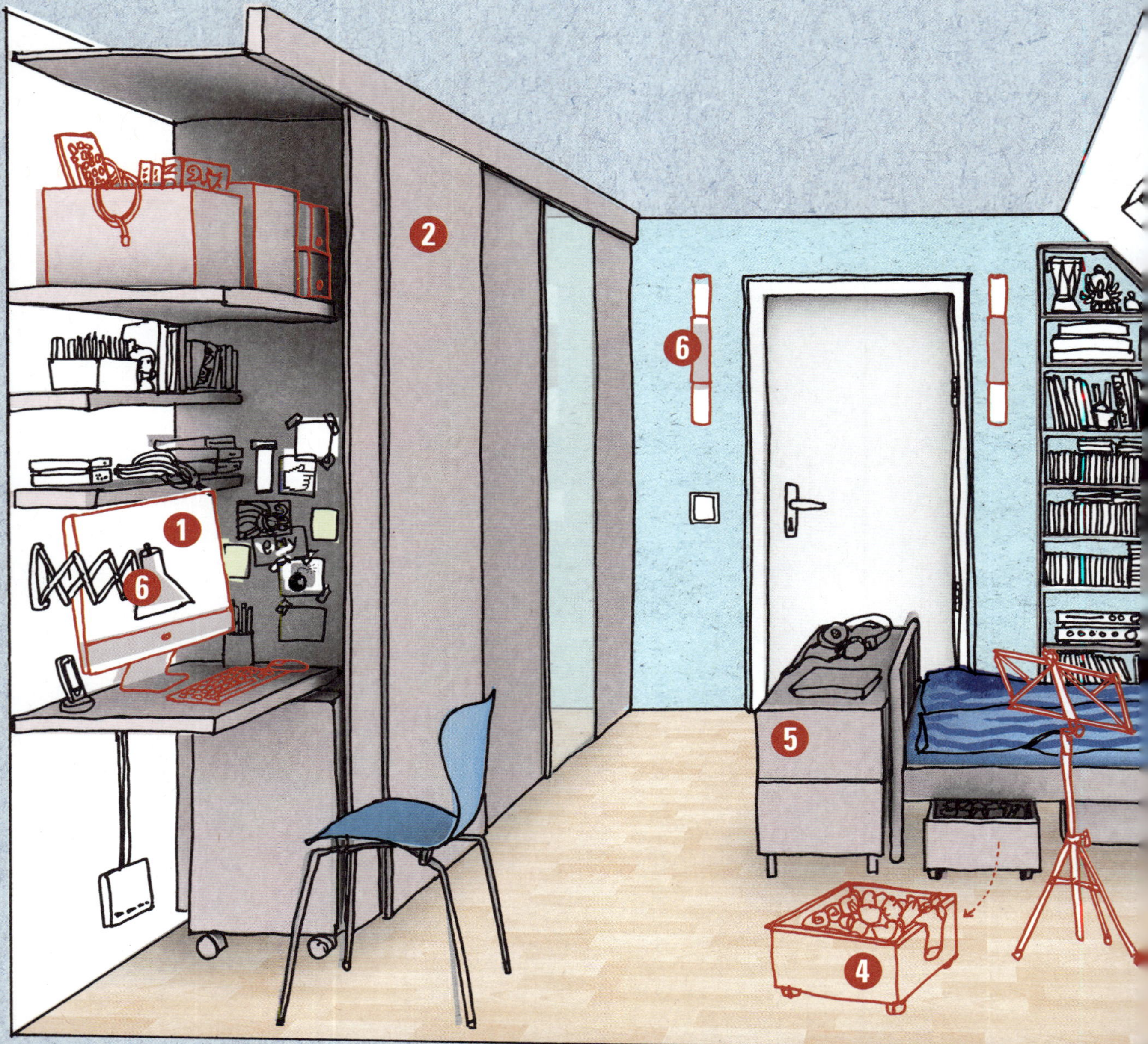

DIE LÖSUNGEN AUF EINEN BLICK:

1 Versteckter Arbeitsplatz: Aus Wandborden und einer Wandleuchte besteht der Arbeitsplatz. Samt Rollcontainer verschwindet er nach der Arbeit hinter der raumbreiten Schiebetür, die auch den Schrank verbirgt.

2 Clevere Aufbewahrung: Wenn schon ein Kleiderschrank, dann bis zur Decke. So nutzt Lars nicht nur die Raumhöhe perfekt aus – das Zimmer wirkt so auch nicht so eng wie mit einem niedrigeren Schrank.

Wohnideen 7: In der Ruhe liegt die Kraft – das Schlafzimmer als Rückzugsort

Lars (32) ist freischaffender Web-Designer und nebenbei Gitarrist in einer Band. Er bewohnt eine 2-Raum-Wohnung im Obergeschoss eines Altbaus. Den kleineren Raum nutzt er als Schlafzimmer und hat darin auch seinen Arbeitsplatz eingerichtet. Lars führt eine Fernbeziehung mit seiner Freundin Lisa (25), die nur am Wochenende da ist. Er besitzt jede Menge Klamotten, CDs und Bücher. Da er sein Wohnzimmer eher puristisch gestaltet hat, braucht er umso mehr Stauraum im Schlafzimmer – das auch sein privater Probenraum ist.

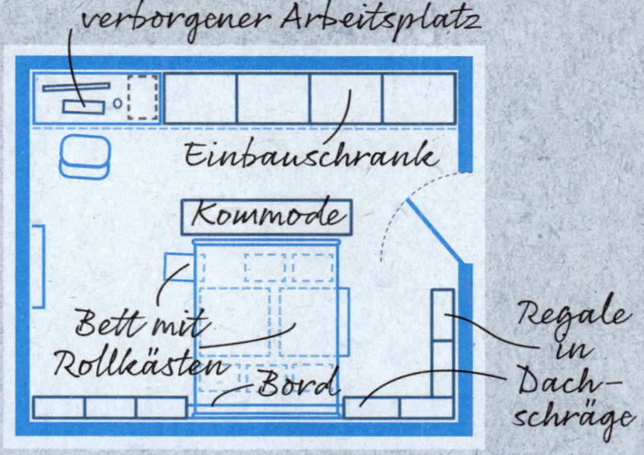

4 Stauraum unterm Bett: Der Platz unter dem Bett ist zu wertvoll, um ihn zu verschenken. Hier passen unter das Bettgestell mehrere Rollkästen, in denen Lars häufig benutzte Klamotten, Kissen und Decken verstaut.

5 Zusätzliche Ablage: Dank der Schiebetür, für die – anders als für klassische Schranktüren – kein Platz freizuhalten ist, konnte sich Lars eine Kommode als Extrastauraum und zusätzliche Ablage gönnen.

3 Schrägen nutzen: Dank maßgefertigter Einbauten lässt sich der Platz unter der Dachschräge perfekt nutzen. Um den Platz für den Nachttisch zu sparen, hat Lars überm Kopfende des Bettes ein Wandbord befestigt.

6 Platzsparende Beleuchtung: Statt einer Deckenleuchte nutzt Lars zwei schlanke Wandleuchten. Auch zum Arbeiten und Lesen im Bett nutzt er Wandleuchten. So bleiben Boden und Borde leuchtenfrei.

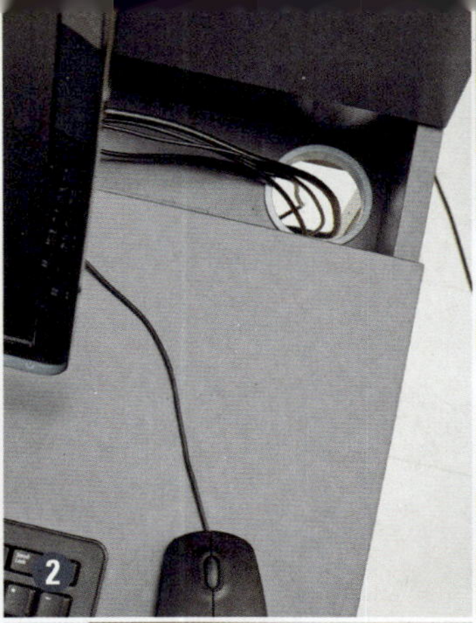

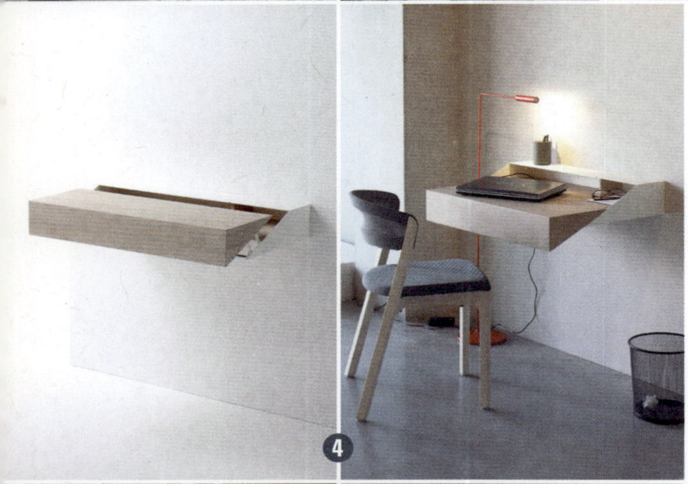

1 VERSTECKTER ARBEITSPLATZ

1 Stets zu Diensten. Der Sekretär steckt im Schrank! Die heruntergeklappte und auf zwei seitlich ausziehbaren Konsolen ruhende Front wird zur Arbeitsfläche. Neben dem Schrankfach unten bieten vier kleine, zwei mittlere und eine große Schublade Platz für Fotoalben, Dokumente und vieles mehr.

2 Gewisses Extra. Für Ordnung am Arbeitsplatz sorgen schlaue Details wie dieser Kabelsammler, der sich unter einer Klappe verbirgt. Auch integrierte Steckdosenleisten sowie intelligent platzierte Ablagefächer machen die Arbeit einfacher.

3 Metamorphose. Sein seitlicher Auszug zaubert aus diesem Sideboard mit Schubladen im Handumdrehen einen Schreibtisch hervor, der sich etwa auch als Schminktisch nutzen lässt. Dank des zeitlosen Designs passt das Möbel zu vielen Stilrichtungen.

4 Surprise, surprise. Für Überraschungseffekte sorgt dieses schicke Kästchen an der Wand. Es lässt sich auf zwei Weisen nutzen – geschlossen als Ablage für Laptop und Tablet oder aufgeklappt als erweiterter Arbeitsplatz mit Ablagefächern.

5 Mut zur Lücke. Eine eher offene und flexible Variante ist ein schmales Wand- oder Standregal mit integrierter Schreibtischplatte. Dieses lässt sich beispielsweise in einer Zimmerecke neben dem Kleiderschrank platzieren und mit einem Vorhang, einer Jalousie oder Schiebetür vom restlichen Raum abtrennen.

6 Antiker Look. Schreibtischkommoden haben es in sich: In den geräumigen Schubladen dieses Modells bringt man eine ganze Menge unter. Außerdem beherbergt das schmale Möbelstück einen kleinen Arbeitsplatz. Fast hätte man ihn übersehen...

2 CLEVERE AUFBEWAHRUNG

1 Intelligente Helfer. Platz im Kleiderschrank ist wertvoll – doch vor allem kleinteilige Sachen wie Socken, Gürtel und Krawatten liegen oft durcheinander oder in zu groß bemessenen Fächern. Gut, dass es Schubladensysteme (siehe Foto), Schrank-Organizer sowie Schiebeeinsätze und Drehmodule für Ecken gibt.

2 Gut belüftet. Wer eine offene Lösung bevorzugt, bleibt mit einem Wandschienensystem flexibel: An vertikalen Schienen lassen sich Regalböden, Kleiderstangen, Drahtkörbe, Hosenbügel und vieles mehr befestigen – und bei Bedarf schnell verändern.

3 Ausweichquartier. Umfasst die Sammlung an Stiefeletten, Ballerinas, Pumps und High Heels mehr Paare, als ein herkömmlicher Schuhschrank zu fassen vermag, kann eine Hängegarderobe für die Schlafzimmertür für Entlastung sorgen.

4 Sanfte Gleiter. Kleiderschränke mit Schwebe- oder Schiebetüren beanspruchen deutlich weniger freien Raum. Übrigens: Ein alter Kleiderschrank erwacht zu neuem Leben, wenn seine Türen entfernt werden und an deren Stelle eine neue Schiebetür über die ganze Raumbreite und -höhe läuft. Dann stören auch die auf und neben dem Schrank deponierten Sachen nicht mehr.

5 Tote Winkel aufspüren. Während ein kompakter Rollwagen den Bereich unter einer Kleiderstange nutzbar macht, hilft in den oberen Etagen zum Beispiel der Einbau eines Kleiderlifts.

6 Trägt nicht auf. Ein ultraflacher Spiegelschrank, in dem sich das gesamte Schmucksortiment unterbringen lässt – das ist eine ähnlich glänzende Idee wie ein Schmuck-Utensilo mit Schlaufen für die Tür oder ein als Bilderrahmen getarnter Schmuckschrank.

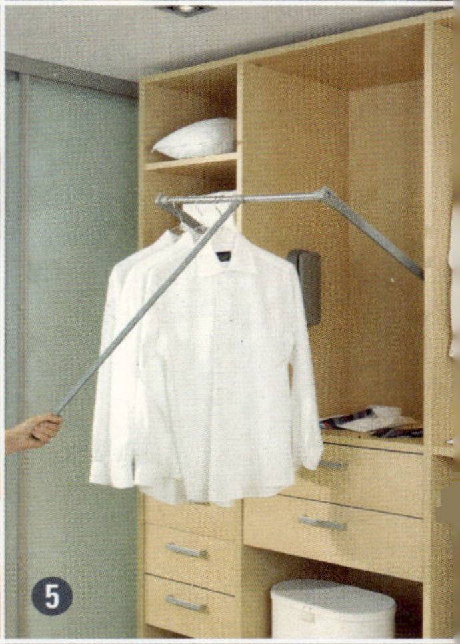

3 SCHRÄGEN NUTZEN

1 Ordentlich Maß genommen. Soll ein Bücherregal oder ein Schrank von einer Dachschräge begrenzt werden, spricht fast alles für eine Einbaulösung. Nur auf diese Weise lässt sich der vorhandene Platz bis auf den letzten Millimeter nutzen.

2 Mit Bleistift und Zollstock. Mit einem flexibel konfigurierbaren Regalsystem lässt sich in vielen Fällen der Verlauf der Schräge nachbilden. Eine gute Raumausbeute ermöglicht etwa der Einsatz eines auf Wandschienen basierenden Modells.

3 3D-Effekt durch Farbe. Auch Wandnischen mit Schräge eignen sich für den Einbau von Regalen. Die dunkler gestrichene Wand neben der Tür setzt zudem einen farblichen Akzent und verleiht dem Raum optische Tiefe. Generell lassen Farbflächen mit hohem Blauanteil kleine Räume größer wirken.

4 Nützliche Ablage. Der Raum unter Dachflächenfenstern lässt sich platzsparend mit Wandborden nutzen, die von gleichfarbigen Konsolen oder unsichtbaren Clips gehalten werden.

5 Exakt abgestuft. Dass Schiebetüren und Schrägen sich ausschließen, ist ein Irrtum. Hier verschwindet das Einbauregal unter einer Treppe hinter einer maßgefertigten Tür.

6 In die Höhe gebaut. Einbauschränke sind nicht auf die Höhe des Kniestocks beschränkt, sondern können je nach Raumsituation bis weit in den Bereich der Schräge geplant werden.

7 Siesta in Bodennähe. Bis zum Fußboden reichende oder knapp darüber ansetzende Schrägen eignen sich etwa für den Einbau einer flachen Liegefläche mit praktischen Ablagefächern.

4 STAURAUM UNTERM BETT

❶ **Lichte Höhe.** Entscheidend für den Stauraum ist die Bauweise des Bettes. Während unter einem Hochbett ein begehbarer Kleiderschrank oder zumindest eine kompakte Ankleide Platz haben, passt unter ein Wasserbett nicht einmal ein Blatt Papier.

❷ **Alles im Kasten.** Ein Bettkasten bietet Platz für sperrige und/oder lange Gegenstände wie Schalenkoffer, Ski und Surfboard. Ein hydraulisch unterstützter Federholzrahmen macht bei diesem Modell das Öffnen und Schließen zum Kinderspiel.

❸ **Schlafplatz mit Schrank.** Dieses speziell für kleine Räume designte Doppelbett besitzt einen separaten Stauraum, der sich bei hochgeklappter Liegefläche durch eine Tür am Fußende betreten lässt. In ihm warten viele Ablagefächer und zwei Schubladen darauf, mit Kleidern, Büchern & Co. vollgestopft zu werden.

❹ **Schnell ausgezogen.** Das Anheben des Lattenrosts entfällt bei Modellen, in deren Korpus beiderseits Schubladen integriert sind. Die Abfahrtski passen hier natürlich nicht hinein, dafür jede Menge Bettwäsche sowie Kissen und Decken.

❺ **Flach und schnörkellos.** Auch in Kinder- oder Jugendzimmern ist ein Stauraumbett sehr willkommen. Allein schon wegen seiner geringen Höhe eignet sich dieses Modell gut für kleinere Räume. Außerdem bietet es zwei über die gesamte Bettbreite reichende Schubladen sowie eine Ablage.

❻ **Schuhe unterm Bett.** Unterbettkommoden aus atmungsaktivem Stoff gibt es in vielen Ausführungen. Hier ein Beispiel mit praktischer Facheinteilung, in dem sich bis zu zwölf Paar Winter- oder Sommerschuhe verstauen lassen.

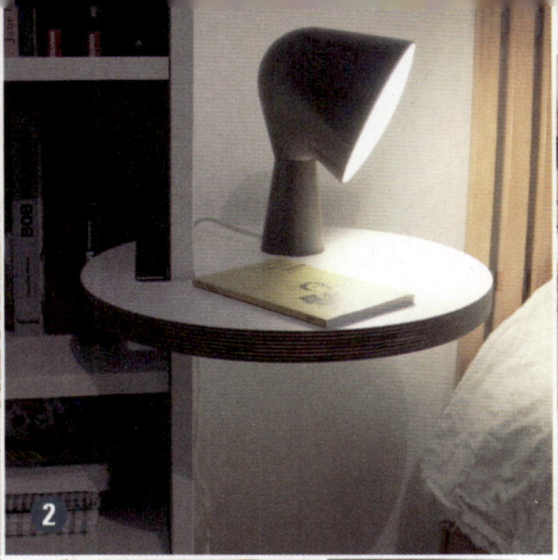

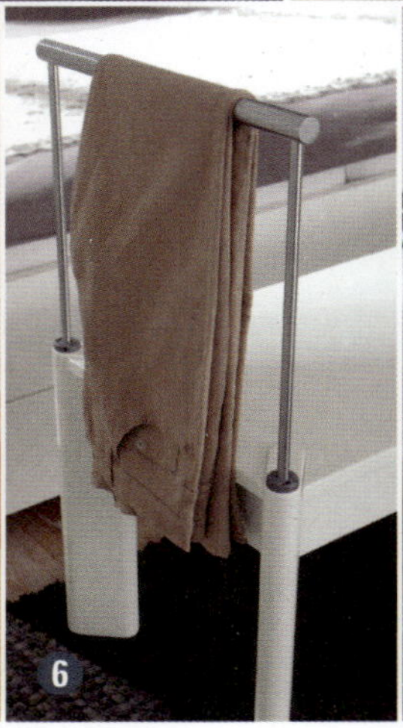
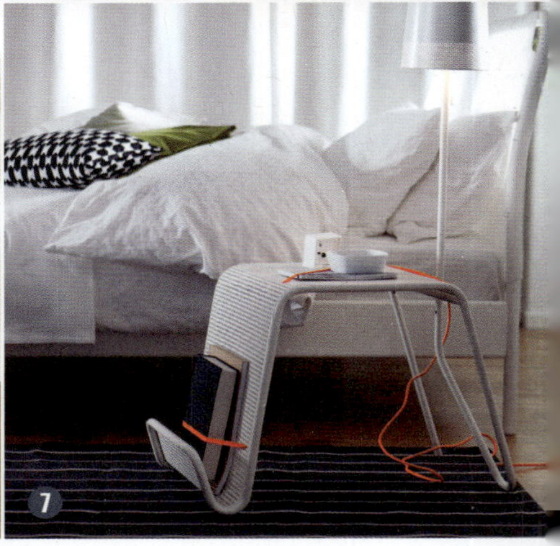

5 ZUSÄTZLICHE ABLAGE

1 Regal am Kopf. Bücher, Radiowecker, Schlafmaske – für Dinge, die man im Bett gerne griffbereit hat, ist kein Extra-Nachttisch erforderlich. Ein Kopfteil mit pfiffigen Ablagen und Kabelöffnungen erledigt das genauso gut und spart viel Platz.

2 Feste Symbiose. Null Stellfläche beansprucht ein kleiner Klemmtisch. Nach dem Prinzip einer Schraubzwinge »beißt« sich dieses Modell schonend aber sicher an Regalwand, Bettpfosten oder Schreibtisch fest und schafft so auch in beengten Verhältnissen zusätzliche Ablagemöglichkeiten.

3 Brett mit Charme. Es soll Menschen geben, die ihr Haupt nicht unter ein Wandbord betten wollen – es könnte ja etwas herabfallen. Schade, denn so geht ihnen eine platzsparende und leicht nachzurüstende Möglichkeit verloren, »ungefährliche« Sachen wie Lieblingsschmöker und Lesebrille aufzubewahren.

4 Gut abgehangen. Ob ein-, zwei- oder wie hier gleich dreistöckig – ein Hängeregal mit schmalen, hell lackierten Böden lässt den Boden frei und bringt natürliche Eleganz ins Zimmer.

5 Doppelt begabt. Ein Beistelltisch in U-Form ist nicht nur eine schlanke Erscheinung – er lässt sich auch so weit ans Bett heranziehen, dass man sogar auf ihm frühstücken kann. Mit etwas mehr Abstand wird er vom Bett-Tablett zum Nachttisch.

6 Stange mit Stil. Eine raffinierte Idee fürs Fußende ist eine schlichte Sitzbank mit ausziehbarer Kleiderstange. Darauf bekommt die Hose nachts garantiert keine Falten – der stumme Diener dafür ernsthafte Konkurrenz.

7 Dreifach gut. Ablage, integrierte Leuchte und Zeitschriftenfach – viel mehr kann man von einem Nachttisch nicht erwarten. Der Clou bei diesem pfiffigen Modell: Stromkabel und Zeitschriften lassen sich mit knallfarbigen Gummibändern sichern.

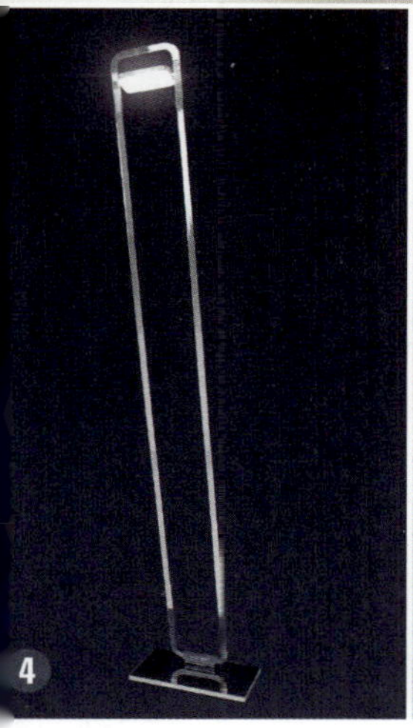

6 PLATZSPARENDE BELEUCHTUNG

1 Flexibel dank Zange. Ob als günstiger Gebrauchsgegenstand oder wertiger Designklassiker – eine schlichte Clipleuchte lässt sich mit einer Handbewegung überall im Raum befestigen und rückt dort befindliche Gegenstände ins rechte Licht.

2 Praktisches Trio. Etwas gemütliches Licht, eine kompakte Ablage für Smartphone oder Wecker und eine als Lesezeichen nutzbare Halterung für die Nachtlektüre – man kann nicht sagen, dass für so viel Funktionalität hier sonderlich viel Platz verschwendet wurde. Gut so, ist ja auch für kleine Schlafzimmer.

3 Edel erhellt. Wer auf eine Deckenleuchte nicht verzichten mag, hat die Wahl zwischen dominierenden und dezenteren Modellen. Für kleine Räume eignen sich letztere besser. Ein einheitlicher Gesamteindruck entsteht, wenn man gleich auf ein ganzes Einbauprogramm aus Spot-, Decken- und Wandleuchten setzt.

4 Kompakt gebaut. Auch wenn Stellfläche knapp ist – Stehleuchten sind deshalb nicht automatisch aus dem Rennen. Die Chancen steigen mit einer schlanken Linie und zierlichen Füßen. Klare Vorteile verschafft ausdauerndes Stehen auf einem Bein.

5 Indirekt ist in. Ob puristisch-eckig oder üppig-verspielt: Wandleuchten punkten mit geringem Platzbedarf. Vor allem Modelle mit breitem Lichtkegel und weichem Schattenverlauf sollten in einem dezentralen Beleuchtungskonzept nicht fehlen.

6 Frei beweglich. Das dreh- und schwenkbare Lichtelement dieses sehr kompakt gehaltenen Wandmodells erlaubt es sowohl, individuelle Lichtstimmungen im Raum zu erzeugen als auch besondere Objeke wie Bilder richtig auszuleuchten.

7 Schön drapiert. Mit einer Lichterkette lassen sich Erinnerungsstücke kreativ in Szene setzen. Hier sind es an einer Dekoleiter mit Klammern befestigte Postkarten und Fotos.

Wohnideen 8: Dieses Apartment ist ein Alleskönner – Raumteilern sei Dank

Anne (26) und Jan (27) sind vor einem Jahr zusammengezogen. Weil damals beide gerade erst mit dem Studium fertig waren, aber möglichst in der City wohnen wollten, reichte das Geld vorerst nur für eine Ein-Zimmer-Wohnung mit 47 Quadratmetern. Beide sind zwar angestellt, arbeiten aber zum Teil im Home Office, so dass sie zwei getrennte Arbeitsplätze brauchen. Da sie abends meist unterwegs sind, reicht ihnen eine kleine Küche zum Frühstücken und gelegentlichen Kochen.

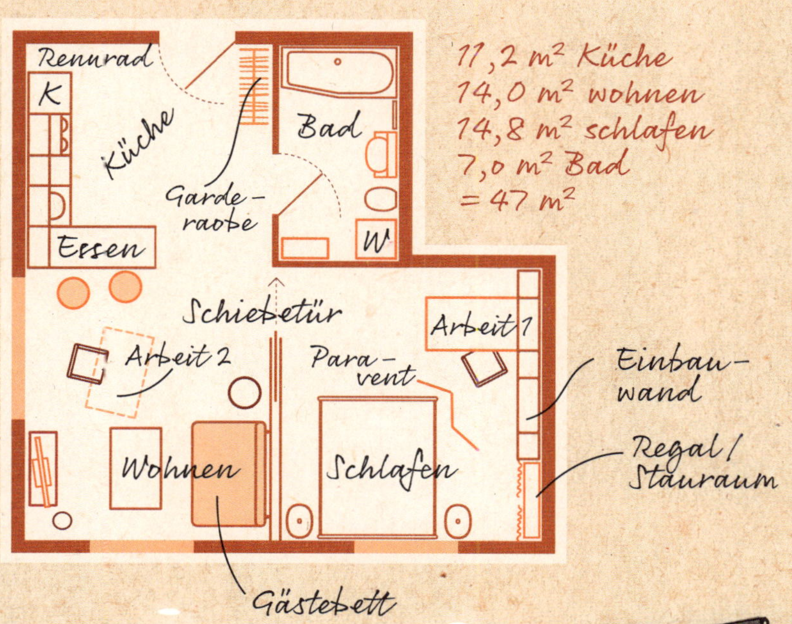

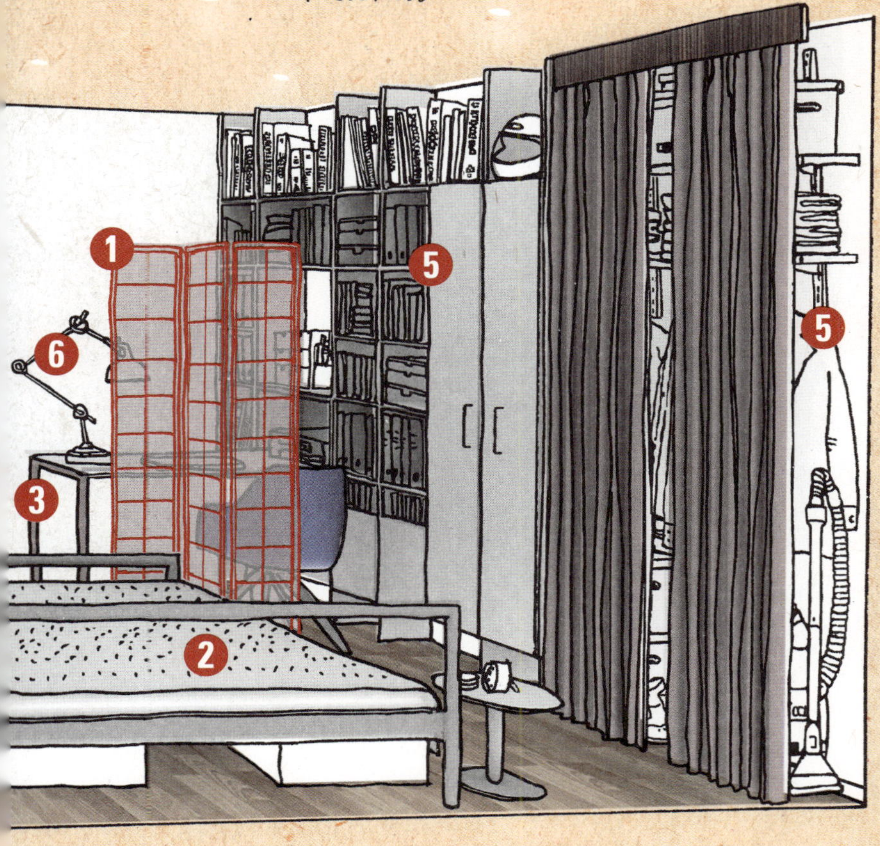

DIE LÖSUNGEN AUF EINEN BLICK:

1 Raum aufteilen: Den Übergang vom Küchen- zum Wohnbereich markiert der in den Raum ragende Tresen. Außerdem braucht jeder sein eigenes Reich zum Arbeiten – bei geschlossener Schiebetür kein Problem. Darüber hinaus teilt ein faltbarer Paravent den Arbeitsplatz vom restlichen Schlafbereich ab.

2 Schlafen & Freizeit: Bleiben Gäste mal über Nacht, lässt sich das Futonsofa zum Gästebett umfunktionieren. Der Paravent kann als Sichtschutz an die transparente Trennwand gestellt werden. Sonst wandert er in den Schrank.

3 Flexibel arbeiten: Im Wohnbereich würde ein klassischer Schreibtisch nur stören. Dagegen lässt sich der gläserne Couchtisch mit wenigen Handgriffen höherstellen und zum Arbeitsplatz umfunktionieren. Als Bürostuhl dient dann der gepolsterte Fernsehsessel.

4 Kompakter Essplatz: Einen separaten Esstisch haben sich Anne und Jan gespart. Gegessen wird am Küchentresen, unter dem sich zwei halbhohe Drehhocker hervorziehen lassen.

5 Ordnen & verstauen: Die Regalfächer direkt neben dem Schreibtisch sind für Arbeitsmaterialien reserviert. Danach folgt ein Türenschrank für Kleidung – und mit einem Vorhang abgetrennte Wandborde für Jacken, Mäntel und Aufbewahrungsboxen.

6 Beleuchtung: Dank zweier großer Fenster (im Vordergrund, nicht im Bild) können Anne und Jan das Tageslicht optimal nutzen. Dazu dient auch die gläserne Schiebetür. Abends schaffen sie mit dezentraler Beleuchtung Lichtinseln.

1 RAUM AUFTEILEN

❶ **Türersatz.** Mal abgesehen von ihrer platzsparenden Funktionsweise: Schiebetüren aus Glas grenzen Raumteile ab, ohne sie abzuschotten. Sie lassen Licht hindurch, können aber trotzdem blickdicht gestaltet sein. Sie lassen sich ohne allzu großen Aufwand nachrüsten und auch vor Türzargen montieren.

❷ **Stoffgrenze.** Wem Schiebetüren zu aufwendig und Regale zu wuchtig sind, der kann auch einen farbigen und/oder gemusterten Flächenvorhang als Raumteiler verwenden. Zur Aufhängung dient etwa eine auf Maß gebogene, einläufige Schiene, die dafür sorgt, dass der Vorhang auch über Eck rund läuft.

❸ **Dekorativ unterteilt.** Sehr wohnlich wirkt ein halbhohes Raumteilerregal aus naturbelassenem Holz. Die rechteckig und rechtwinklig geformten Fächer erinnern hier an ein Tetris-Spiel und machen das Regal auch ohne Inhalt zum Blickfang.

❹ **Vielseitiges Regal.** Variabel in Höhe und Facheinteilung – so lässt sich aus einem Regalsystem ein individueller Raumteiler konfigurieren. Bei diesem Modell sind die Fächer sogar nach dem Aufbau noch veränderbar. Erhältlich sind obendrein Schiebetüren, Türen und ein Großraumelement für den Fernseher.

❺ **Allseits zugänglich.** Ein Kastenmöbel mitten im Raum? Bitte nur, wenn es von beiden Seiten nutzbar ist. Dank einschwenkbarer Klappen aus Farbglas machen etwa diese beiden um 180 Grad versetzt angeordneten und mit einem Glasregal verbundenen Sideboards ihren Inhalt sicht- und nutzbar, während in den breiten Schubladen Dinge einfach verschwinden können.

❻ **Leicht, mobil, flexibel.** Ob antik oder modern, undurchsichtig oder halbtransparent – ein Paravent teilt einen Raum jedes Mal neu. Und wenn nicht, dann steht er unsichtbar in der Ecke.

2 SCHLAFEN & FREIZEIT

1 Gute Nacht, Freunde. Aus einem einfachen Sessel lässt sich sicherlich kein Himmelbett zaubern – doch für zwei Futonmatratzen reicht es bei diesem hier allemal. Eine Schlafgelegenheit für alle, die es spartanisch mögen, aus Platzgründen auf ein separates Bett verzichten müssen oder oft Besuch bekommen.

2 Auf der Stelle fit. Jeden Tag ein paar Kilometer laufen – dafür braucht man weder eine Joggingstrecke in der Nähe, noch einen Vertrag im Fitnessstudio. Nicht einmal viel Platz in der eigenen Wohnung ist erforderlich, sofern sich das Laufband nach dem Zieleinlauf zusammenklappen lässt.

3 Schneller Umbau. Sitzen, relaxen, schlafen – die Luxusausführungen unter den Futonsofas bieten drei Positionen und jede Menge Komfort. Auch für den Dauereinsatz als Bett sind sie gerüstet. Wichtig ist, dass sich der tägliche Umbau jeweils mit ein paar Handgriffen bewerkstelligen lässt.

4 Gegensätze vereint. Von vorn ruhig und beständig, von der Seite leicht und dynamisch, leicht abgerundete Ecken und Kanten, helle Oberflächen – Betten wie dieses Modell sind für Räume mit begrenztem Platzangebot wie geschaffen. Es erspart einem zudem den Kauf von Nachtschränkchen: Unter der Ablagefläche am Kopfteil verbirgt sich weiterer Stauraum.

5 Liege + Liege = Sofa. Ob im Kinder- oder Gästezimmer, in der Studenten-WG oder im Ein-Zimmer-Apartment: Wann immer Bewohner eine (oder auch mehrere) zusätzliche Schlafmöglichkeiten brauchen, wird das Sofa aufgelöst und eine (oder mehrere) Stapelliege(n) an den Start gebracht.

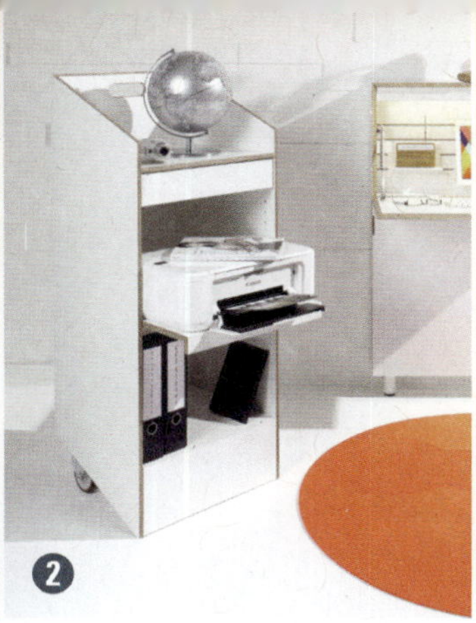

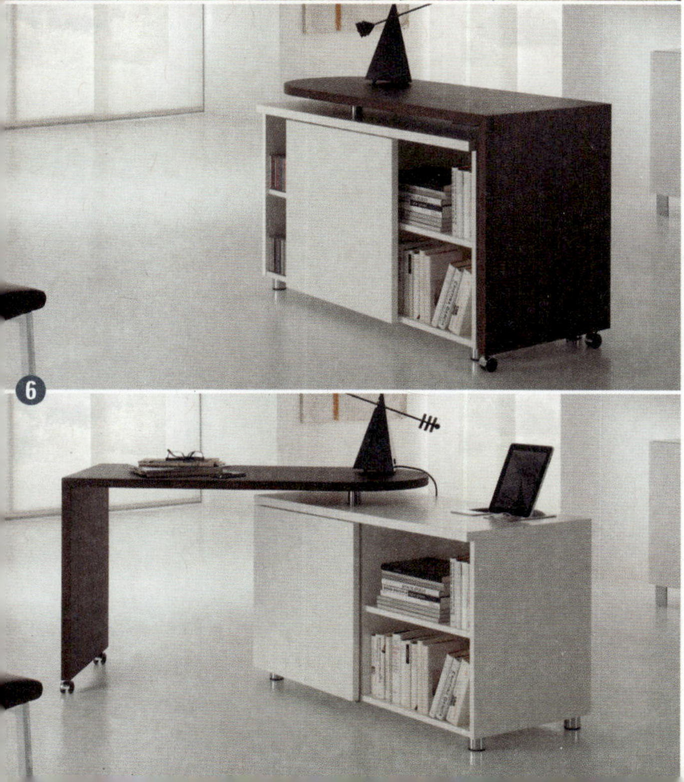

3 FLEXIBEL ARBEITEN

1 Bürokrambehälter. Dokumente, Aktenordner und Locher will zu Hause niemand sehen – ab damit in den Rollcontainer! Dieser sollte genügend Stauraum und eine sinnvolle Inneneinteilung bieten. Wer auf schickes Design und edles Material achtet, kann ihn obendrein als Beistelltisch oder Gästesitzplatz nutzen.

2 Regal auf Rollen. Ob als Stehtisch, Extrastauraum oder Technikschrank – ein sinnvoll nutzbares Multifunktionsmöbel macht sich bei Heimarbeitern schnell unentbehrlich. Dank ausgefräster Durchführungen in den Fachböden droht kein Kabelsalat. Die beiden Rollen auf der Unterseite sorgen für Mobilität.

3 Einer für alle(s). Ein Couchtisch, an dem man auch arbeiten kann – warum soll das nicht möglich sein? So lange sich der Tisch stufenlos in der Höhe verstellen und die Platte sich bei Bedarf auf- und wieder zuklappen lässt.

4 Sanfte Rundung. Eine Schreibtischplatte muss nicht rechteckig sein. Sie kann vom Schreiner oder in Eigenregie so zwischen andere Möbel eingepasst werden, dass sich eine abgerundete Front und damit ein höchst individueller Arbeitsplatz ergibt.

5 Klein und fein. Zunehmend tüfteln Designer an Schreibtischen für das räumlich beschränkte Heimbüro. Dank kompakter Maße, schlankem Stahlrohrgestell und aufgesetztem Staufach kann sich dieser bauhaus-inspirierte Kandidat sehen lassen.

6 Im Kreis herum. Kompakter Container oder langgestrecktes Sideboard – durch Verschieben der oberen Platte ergeben sich zahlreiche Möglichkeiten, dieses schicke Schränkchen zur flexiblen Bürozentrale zu machen. Ganz, wie es der Platz erlaubt.

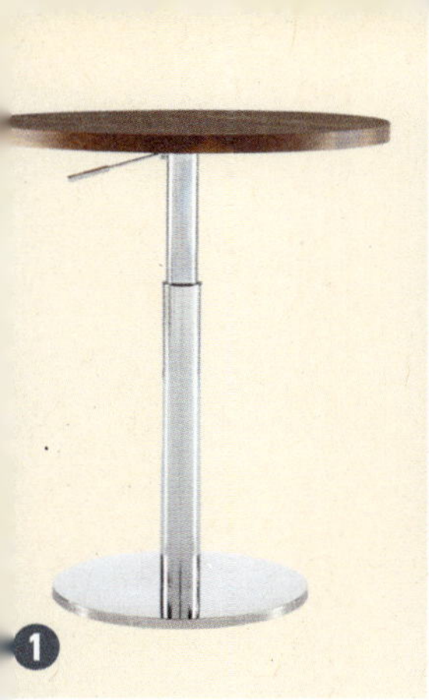

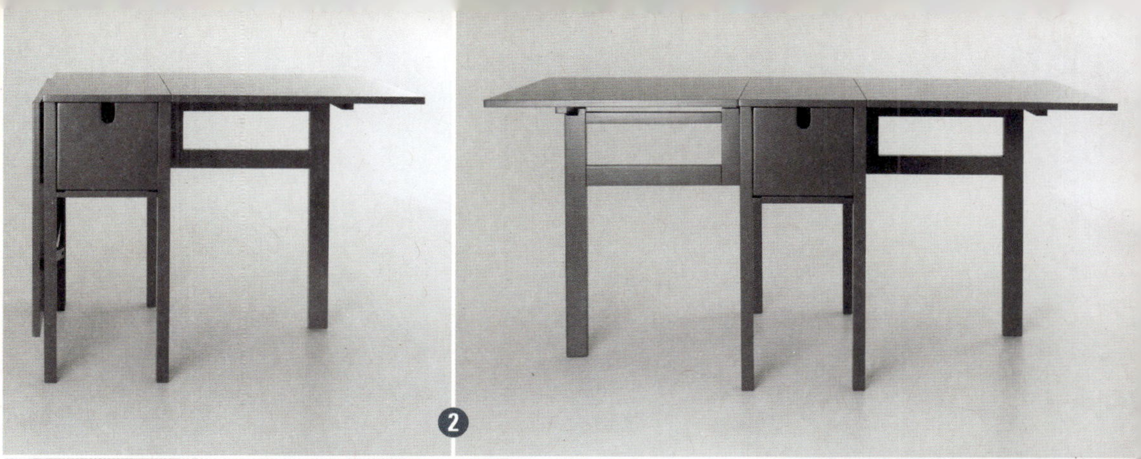

4 KOMPAKTER ESSPLATZ

1 Hoch hinaus. Gemütliches Diner für zwei oder schnell ein Happen im Stehen – beides geht, wenn der Tisch sich auf die gewünschte Höhe bringen lässt. Dieser Bistrotisch funktioniert mittels einer Gasdruckfeder, ähnlich wie in einem Bürostuhl.

2 Große Klappe(n). Zu zweit, zu viert, mit etwas gutem Willen auch zu sechst – je nachdem, wie viele Kinder oder Gäste mit am Tisch sitzen, lassen sich bei diesem hier eine oder beide Platten ausklappen. Wer nach dem Essen Platz im Raum schaffen will, stellt ihn einfach zusammengeklappt in eine Nische.

3 Privatbar. Ein kleiner Bartresen in der Küche ist das Richtige, um sein morgendliches Müsli zu essen, zwischendurch einen Espresso zu trinken oder am Abend bei einem Aperitif mit dem Koch oder den Gästen zu plaudern. Das opulente Menü selbst sollte dann allerdings am Esstisch zelebriert werden.

4 Auf und ab. Am Tresen oder Bistrotisch sitzt man am besten stilecht auf Barhockern. Verstellbare Modelle haben den Vorteil, dass sie sich bei Bedarf auf Stuhlhöhe »schrumpfen« und als zusätzliche Sitzgelegenheit bei Tisch verwenden lassen.

5 Schöne Aussicht. Eine flexible und platzsparende Lösung für Singles, Paare und Kleinfamilien ist ein Klapptisch, der sich an der Wand anbringen lässt. Auf diese Weise entsteht etwa am Küchenfenster ein Essplatz mit Blick ins Grüne. Wer statt dessen eine Art Tresen bevorzugt, befestigt den Klapptisch einfach ein Stück weiter oben. Entscheidend ist die Sitzhöhe der Barhocker.

6 Essen in Inselnähe. Mit dieser im Raum stehenden Kücheninsel verschafft man sich nicht nur eine extra Arbeitsfläche und zusätzlichen Stauraum. Der Clou daran ist eine ausziehbare Tischplatte für bis zu drei Personen.

1

2

3

4

5

6

7

5 ORDNEN & VERSTAUEN

1 Fahrradgarage. Mehr als diesen Bügel und ein zweites Kontaktpad für das Hinterrad braucht es nicht, um ein ganzes Fahrrad senkrecht an die Wand zu hängen.

2 Kleiderkammer. Ein großer Kleiderschrank mit Schwebetüren oder ein Regalsystem mit vorgebauter Schiebetür bietet reichlich Stauraum und kostet im Gegenzug nur wenig Platz.

3 Nichts zu verbergen. Ein offenes Aufbewahrungssystem ohne Rückwand sorgt für einen schnellen Überblick. Es lässt den Raum zudem nicht so vollgestellt wirken wie ein geschlossener Kleiderschrank, auf und neben dem noch viel Platz ist.

4 Rund und bunt. Aus gestapelten Tabletts besteht dieser Aufbewahrungstisch. Der Inhalt lässt sich mit Hilfe der Tabletts an jeden Ort in der Wohnung tragen und dort nutzen. Danach werden die Tragehilfen wieder platzsparend zusammengefügt.

5 Festgezurrt. Eine schön designte Sitztruhe macht nicht nur optisch eine Menge her. Sie kann als Sitzplatz, Ablagefläche und Aufbewahrungsort dienen. Netter Gag: Dieses Modell erhält seine Stabilität lediglich durch zwei seitlich gespannte Seile.

6 Unsichtbar vorhanden. An die Wand montiert, trägt der Metallwinkel bis zu zehn Bücher. Schon hinter einer Handvoll davon wird er plötzlich unsichtbar. Mit mehreren Winkeln lässt sich die ganze Sammlung in einen Schwebezustand versetzen.

7 Paarweise. Manchmal reicht ein Schrankelement, um den Platz effektiv zu nutzen. Dieses ist von vorn und von der Seite zugänglich. Mit einem zweiten Modul entsteht ein breiter Schrank.

1

2

3

6 BELEUCHTUNG

1 In Szene gesetzt. Mit einem mobilen Strahler lässt sich an wechselnden Orten eine Akzentbeleuchtung schaffen, die angestrahlte Gegenstände perfekt ausleuchtet. Als Bodenleuchte positioniert erscheinen kleine Räume optisch vergrößert.

2 LED-Lichtkugel. Auf dem Boden, im Regal, auf einer Konsole – diese frei platzierbare Kugelleuchte mit nur acht Zentimetern Durchmesser bietet viele Möglichkeiten. Per Knopfdruck am Gehäuse lassen sich ihre LEDs nach Belieben dimmen.

3 An der Wand entlang. Bei Wandleuchten ist die Platzierung wichtig: Je nach Bauart (Downlight, Uplight oder kombiniertes Up-/Downlight) sollten sie so angebracht werden, dass sie ihr sanftes Licht streuen können und dabei nicht blenden.

4 Flexibel beweglich. LED-Klemmleuchten lassen sich an der Tischplatte, am Regal oder an der Bettkante befestigen und eignen sich als mobile Arbeits- oder Leseleuchten. Ihr Licht sollte so fokussiert sein, das andere nur wenig davon abbekommen.

5 Alles im Griff. Ein Minimalist auf dem Schreibtisch ist diese Tischleuchte. Ihr Griff lässt sich so umpositionieren, dass sie an jeder Stelle stehen kann und von dort aus bedienbar ist.

6 Geradlinig. Von innen heraus leuchtet diese ultraschlanke LED-Standleuchte – und verbreitet wahlweise warmes, diffuses Licht zur Decke oder indirektes Licht in ihre Umgebung.

7 Heller Kopf. Als gerade aus einem Comic entsprungenes Strichmännchen präsentiert sich diese mannshohe Stehleuchte, die sich unkompliziert an jede Wand lehnen lässt.

4

5

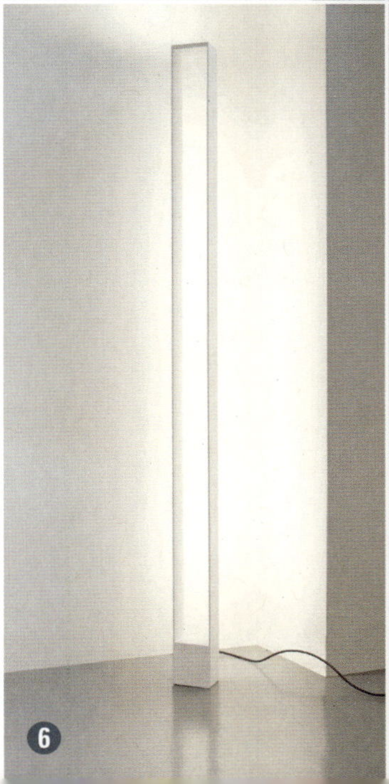
6

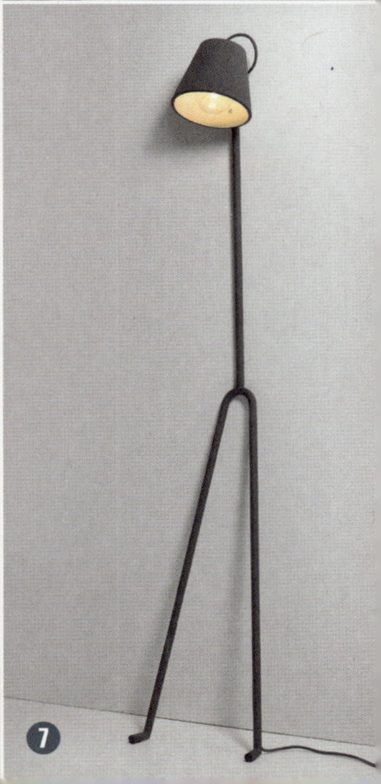
7

Wohnideen 9: Jeden Winkel nutzen – so viel Platz bietet ein Hauswirtschaftsraum

Marlene (58) und Dietmar (60) haben nach dem Auszug der Kinder ihr großzügiges Eigenheim gegen ein Townhouse getauscht. Dort ist nicht nur die Wohnfläche knapper bemessen. Da das Haus keinen Keller besitzt, muss Hausfrau Marlene auch mit weniger Stauraum auskommen. Daher ist der Hauswirtschaftraum nicht nur für Putz- und Waschutensilien sowie die Wäsche da, sondern auch Aufbewahrungsort für Werkzeug und Lebensmittelvorräte.

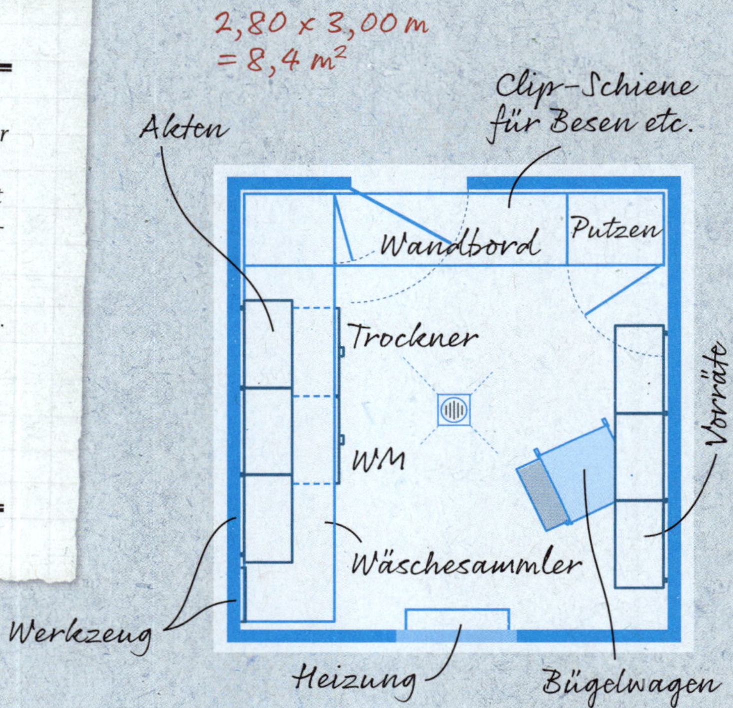

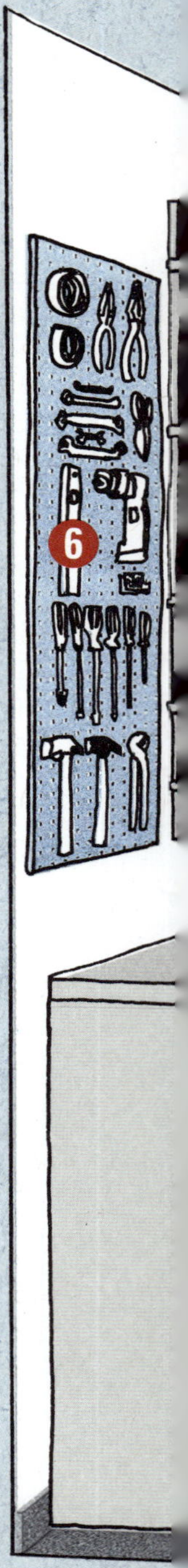

DIE LÖSUNGEN AUF EINEN BLICK:

1 Große Wäsche: In der maßgefertigten »Wäschezeile« zwischen Waschmaschine und Regal befindet sich je ein Behälter für Buntes und Kochwäsche. Durch die Öffnungen unter der Arbeitsfläche lassen sich Sachen einwerfen. Für größere Stücke wird die Tür geöffnet.

2 Mobile Helfer: Kommt die Wäsche aus dem Trockner, lagert sie Marlene gefaltet in einem Rollwagen mit praktischen Ausziehkörben. So bekommen Blusen, Hemden & Co. keine Knitter und können zum Bügeln einfach von der Wand in die Raummitte bewegt werden.

3 Regale & Behälter: Auf dem Bord über der Tür stehen Behälter mit seltener benutzten Sachen wie Nähzeug, Stoffe etc. Ein Wandregalsystem mit höhenverstellbaren Böden bietet maximale Flexibilität beim Verstauen von Zeitschriften, Kleinteilen – und Lebensmitteln.

4 Schränke & Schubladen: Der Mehrzweckschrank neben der Tür bietet dank eines speziellen Einsatzes Fächer für kleinere Putzutensilien wie Bürsten, Lappen und Schwämme. Außerdem verschwinden hinter seiner Tür auch Staubsauger und Zusatzdüsen platzsparend.

5 Hausgeräte verstauen: Beim Kauf des neuen Staubsaugers hat Dietmar bewusst nach einem Modell Ausschau gehalten, das sich samt Zubehör kompakt im Schrank verstauen lässt. Auch für Bügeleisen sind mittlerweile schlaue Aufbewahrungslösungen erhältlich.

6 Wand- & Hängeaufbewahrung: Besen, Schrubber, Wischmopp leben nicht nur länger, wenn sie an einer Klemmschiene hängend aufbewahrt werden – sie nehmen auch weniger Platz weg. Sein Werkzeug hat Dietmar an einem praktischen Lochbrett untergebracht.

3
3
3
4
5
6
4
3
2
1

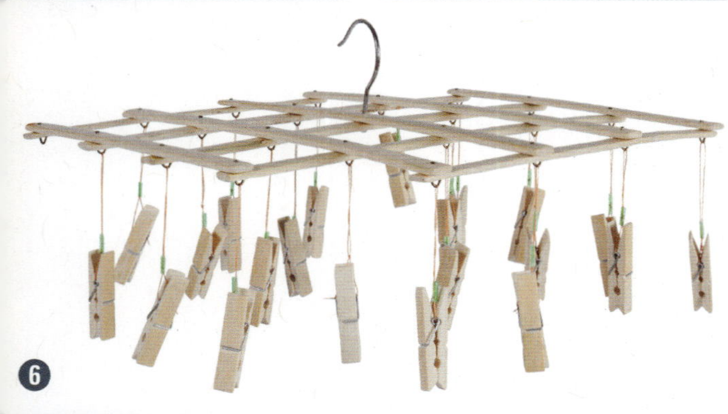

1 GROSSE WÄSCHE

❶ **Kein Platz verschenkt.** In einer Ecke neben Schrank oder Waschmaschine platziert fasst dieser Wäschesammler bis zu 70 Liter. Sein Baumwollbezug lässt sich abnehmen und waschen. Zwei Henkel erleichtern dann Transport zur Waschmaschine.

❷ **Eingehängt.** Ein Schienensystem mit Einhängeböden bietet nicht nur die Möglichkeit, gewaschene Wäsche zu stapeln und aufzuhängen – an einer Querschiene lassen sich auch Wäschesäcke hängend neben der Waschmaschine aufbewahren.

❸ **Nur für den Fall.** Dieser dreigeteilte Wäschesammler zum Zusammenklappen lässt sich platzsparend verstauen, sollte gerade einmal keine schmutzige Wäsche anfallen.

❹ **Bequem gerollt.** Dank ihrer Rollen lassen sich diese extraschmalen Sammel-Trolleys nicht nur bequem transportieren, sondern auch in fast jeder Nische abstellen.

❺ **Praktischer Helfer.** Sowohl zum Aufhängen der kleinen Handwäsche zwischendurch als auch verschwitzter Sportklamotten eignen sich Wandtrockner. Dieses Klappmodell besitzt acht Trockenstäbe und eine Handtuchstange.

❻ **Mobile mit Klammern.** Viele Klammern auf kleinster Fläche versammelt dieser Wäschetrockner zum Aufhängen. Sie eignen sich vor allem zum Trocknen von Kleinteilen wie Unterwäsche und Socken. Anschließend wird der Trockner zusammengeklappt.

❼ **Klappriegel.** Ein Kleiderlüfter besitzt Aussparungen für mehrere Bügel und dient zum Auslüften getragener Wäsche. Er funktioniert natürlich auch auf dem Balkon oder der Terrasse!

1

2

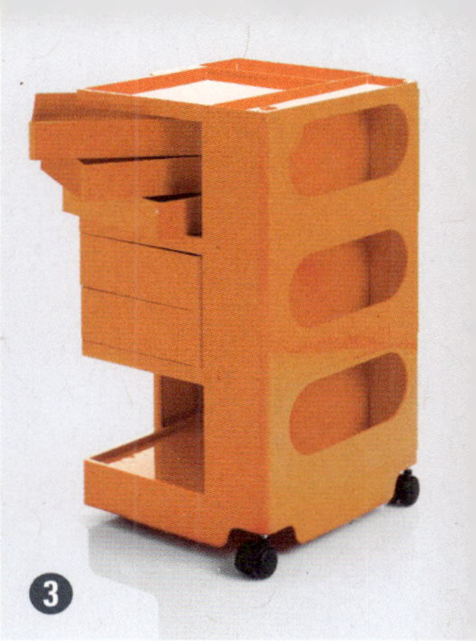

3

2 MOBILE HELFER

1 Bügelbrettersatz. Mit einer Dampfbügeldecke lässt sich jeder Tisch – Ausnahme: empfindliche Materialien – zum Bügelbrett umfunktionieren. Ihre hitzereflektierende Alubeschichtung sorgt zudem für deutlich energiesparenderes Arbeiten.

2 Leicht und kompakt. Erste Wahl für das schnelles Bügeln zwischendurch ist ein Tischbügelbrett – dank spezieller Schulterpassform auch für Blusen und Hemden perfekt geeignet.

3 Breit gefächert. Praktisch für Werkstatt und Hobbykeller ist ein solcher Kunststoff-Trolley mit drehbaren Schubladen. Darin lassen sich Kleinteile wie Schrauben, Dübel und Nägel sortiert, platzsparend und stets griffbereit aufbewahren.

4 Dreistöckig. Auf einem Quadratmeter Fläche bis zu 26 Leinenmeter Wäsche trocknen – mit diesem mobilen Trockner kein Problem. Halb aufgeklappt dient er als Ablage beim Bügeln. Zusammengeklappt ist er ganze acht Zentimeter breit.

5 Hinter Gittern. Gut sortiert und ausreichend belüftet lassen sich Wäschestücke in diesem mobilen Metallregal aufbewahren. Eine praktische Sache, so ein Bügelkorb auf Rollen.

6 Nischenprodukte. Sicher verstaut und dennoch leicht zugänglich sind Putz- und Waschmittel ist einem ultraschmalen Ordnungswagen. Perfekt für Nischen hinter Haushaltsgeräten.

7 Gut kombiniert. Viel Platz für die Bügelwäsche bieten ausziehbare Netzdrahtkörbe. Bei dieser Lösung stellt die Abdeckplatte eine Abstell- und Arbeitsfläche dar – und das Ganze lässt sich dank der Rollen an jeden gewünschten Ort transportieren.

4

5

6

7

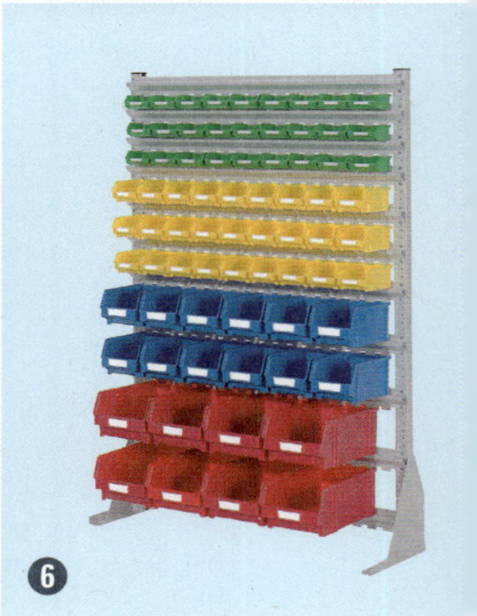

3 REGALE & BEHÄLTER

1 Elegant und stabil. Eine platzsparende Alternative ist ein Wandregal mit offenen Seiten. Trotz extrem dünner Böden kann dieses Modell sowohl Fahrradzubehör als auch Lebensmittelvorräte oder kompakte Aufbewahrungsboxen locker tragen.

2 Individuell kombinierbar. Buchstäblich jeder Winkel von Hauswirtschaftsraum oder Speisekammer lässt sich mit einem Regalsystem nutzen, das auf Wandschienen basiert. Je nach erforderlicher Tragfähigkeit sind die Schienen ein- oder mehrreihig gelocht und können – wie bei diesem Modell – unterschiedlich breite Regalböden sowie Draht- und Flaschenkörbe aufnehmen.

3 Sauber sortiert. Zum Aufbewahren von Handtüchern, Bettwäsche, Kissen und Decken, aber auch Nähutensilien eignet sich ein Einbauregal mit variablen Böden. Dieses lässt sich gut hinter einem Vorhang verstecken, der an einer Deckenschiene läuft.

4 Bis unter die Decke. Ob Regalsystem aus Massivholz oder nebeneinander gestellte Metallregale – wer den Platz an der Wand optimal ausnutzen will, muss erst genau messen und sich dann überlegen, welche Funktionen er will. In diesem Beispiel wurde ein Müllsammelsystem ins Vorratsregal integriert.

5 Wie auf Schienen. Einen deutlich leichteren Zugang insbesondere bei geringer Höhe der Regalfächer gewährleisten ausziehbare Behälter. Für schienenbasierte Regale werden für diesen Zweck Drahtkörbe mit passenden Auszügen angeboten.

6 Auf einen Blick. Für Hobbyecke oder Werkstatt unerlässlich ist ein kippsicheres Ständerregal. In den eingehängten Sichtboxen lassen sich Schrauben, Unterlegscheiben, Dübel und andere Kleinteile sortiert und übersichtlich aufbewahren, so dass Heimwerker bei Bedarf schnellen Zugriff haben.

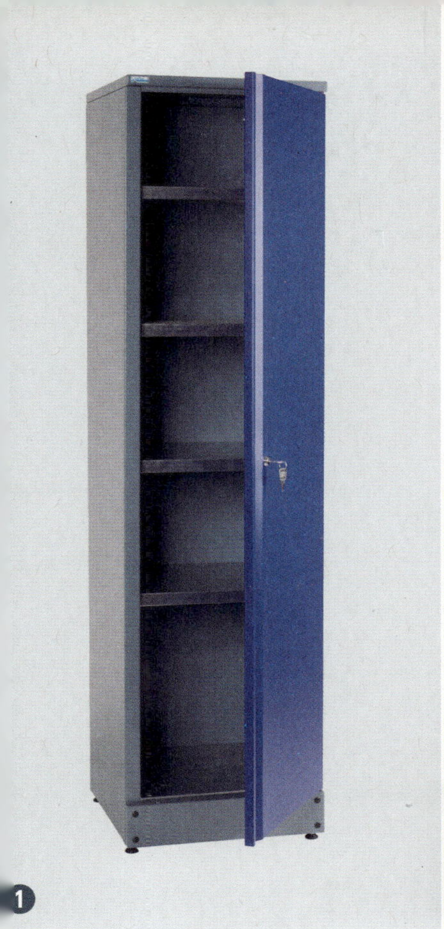

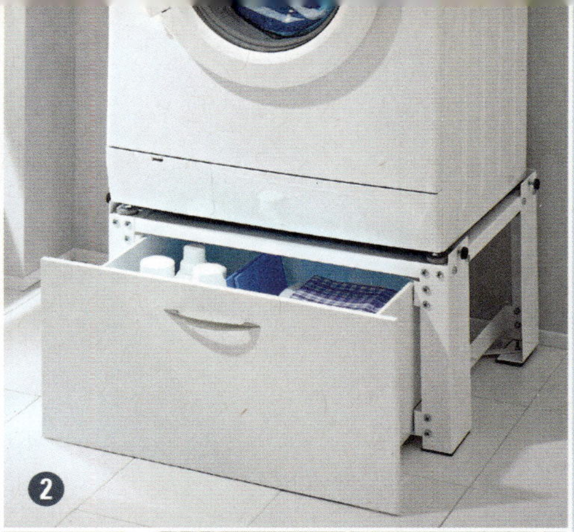

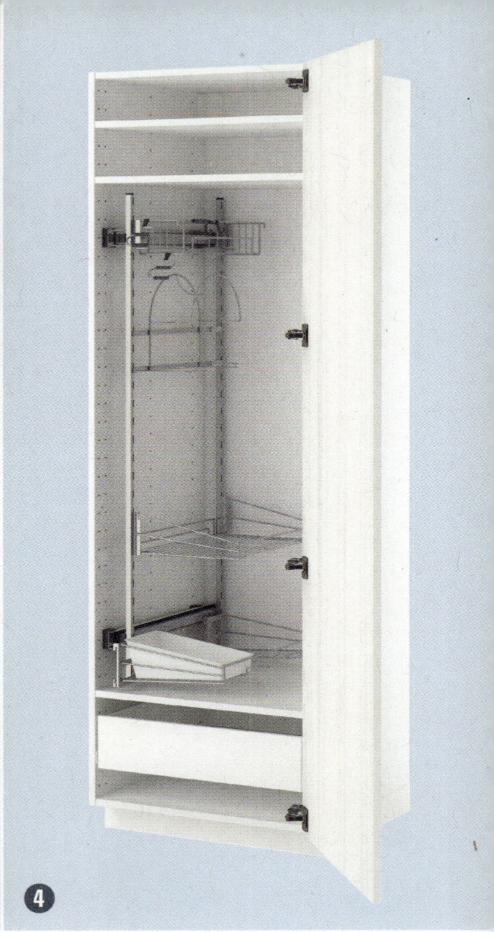

4 SCHRÄNKE & SCHUBLADEN

❶ **Robust und zweckmäßig.** Sie werden in aller Regel als Multifunktions-, Putzmittel- oder Hauswirtschaftsschränke angeboten, sind verschließbar und dienen je nach Breite und Inneneinteilung zum Verstauen von Lappen, Schwämmen, Bürsten und Putzmitteln. Zweitürige Modelle bieten außerdem meist Platz für Bügelbrett, Staubsauger und/oder Putzeimer.

❷ **Auf den Sockel gehoben.** Eine pfiffige Idee ist dieses Untergestell mit geräumiger Schublade: Es beansprucht keine zusätzliche Fläche und bietet Extrastauraum für Dosierkugel, Messbecher & Co. Außerdem hebt es Waschmaschine und/oder Trockner auf eine Arbeitshöhe, über die sich insbesondere Besitzer eines Frontladers freuen dürften.

❸ **Begehbares Lager.** Wer keinen Keller hat, muss viele Dinge in der Wohnung unterbringen. Dafür einen Teil des Hauswirtschaftsraums zu reservieren, ist oft die beste Lösung. Schlüssel zu dessen effizienter Nutzung als Abstell- und Lagerraum können der Einbau einer Schiebetür und die Anschaffung passender Stauraummöbel sein. Im so abgeteilten Bereich lassen sich meist auch Stellplätze für sperrige Gegenstände einrichten.

❹ **Unscheinbarer Helfer.** Apropos nachrüsten: In Putzschränken ohne geeignete Inneneinteilung regiert schnell das Chaos. Manche Modelle lassen sich jedoch nachträglich mit einem Schrankeinsatz ausstatten. Im abgebildeten Beispiel erleichtert ein ausziehbarer Einsatz den Überblick und sorgt für einen bequemen Zugang zu den Putzutensilien und -geräten.

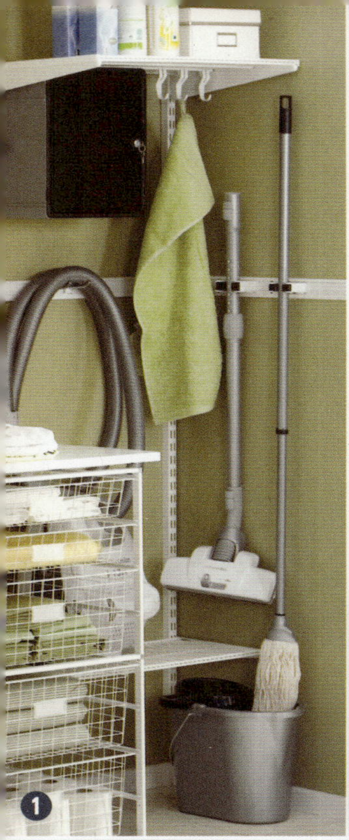

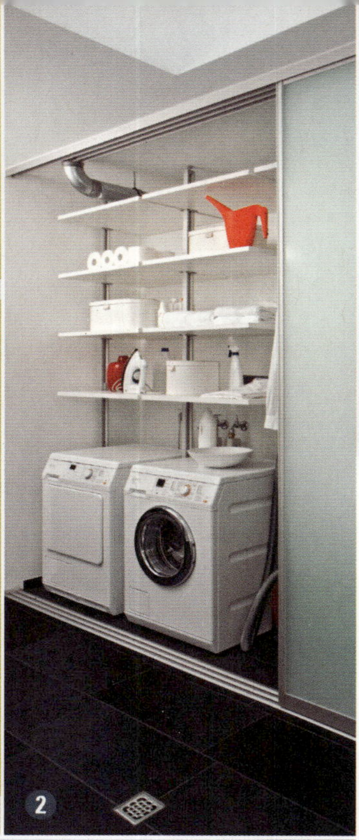

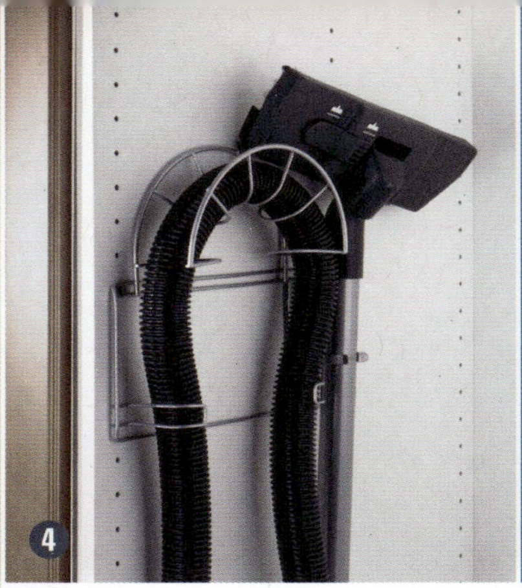

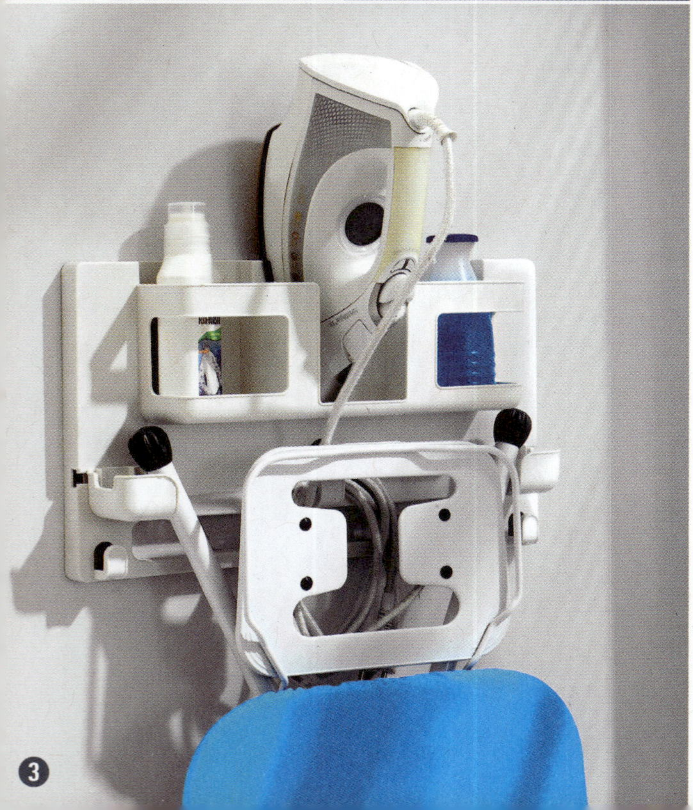

5 HAUSGERÄTE VERSTAUEN

1 Einzeln gelagert. Ein Platz an der Clipschiene für Staubsaugerrohr und Bodendüse, ein Wandhaken für den zusammengerollten Schlauch – während der Sauger selbst samt Zusatzdüsen im Putzschrank steht. Ihn nicht als sperriges und störendes Ganzes herumstehen zu haben, spart Platz und schont die Nerven.

2 Weißes Duo. Geht es um den Standort von Waschmaschine und Trockner, muss es nicht gleich eine Einbaulösung sein. Auch eine Schiebetür (siehe Foto) hat nicht jeder. Vorsicht aber mit vermeintlich platzsparenden »Turmbauten« Trockner auf Waschmaschine: Ohne Zwischenbaurahmen besteht akute Einsturzgefahr!

3 Endlich sesshaft. Das Bügeleisen spielt in vielen Haushalten die Rolle des rastlosen Vagabunden: Es ist nie da, wo man es sucht. Abhilfe schafft dieser praktische Organizer mit Kabelaufbewahrung. Über dieser lässt sich das Bügelbrett einhängen – und damit ist auch dieses flach und platzsparend verstaut. Eine gute Alternative, wenn die Schlafzimmertür schon besetzt ist.

4 Festgeklemmt. Falls im Hauswirtschaftsschrank noch eine Innenwand frei ist, wäre das doch die Gelegenheit, dort diese kompakte Halterung für Staubsaugerzubehör anzuschrauben. Sie nimmt selbst im »Belegt-Modus« kaum Platz weg. Wer gar keinen Schrank besitzt, kann das Teil auch an die Wand montieren.

5 Modell Urknall. Fast überhaupt keinen zusätzlichen Platz benötigt ein simpler Bügeleisenhalter für die Wand oder die Innenseite eines Schrankes. Dieses minimalistische Modell aus Blech und Draht bietet immerhin einen praktischen Bügel als Kabelhalterung.

6 WAND- UND HÄNGEAUFBEWAHRUNG

❶ Gerätedepot. Auch im Schuppen, in der Garage oder im Hobbyraum ist oft wenig Platz. Nicht nur Gartenfreunde wissen einen Gerätehalter wie diesen zu schätzen, der sich an der Wand anschrauben lässt und Platz bietet für alle Haus- und Gartengeräte, die einen Stiel oder eine Teleskopstange besitzen.

❷ Ans Rohr geklemmt. Damit das edle Rennrad nicht im Weg steht und eventuell sogar Schrammen davonträgt, ist ein ruhiges Plätzchen gefragt. Eine kompakte Halterung ebnet ihm den Weg an die Wand. Der integrierte Mini-Stauraum ist groß genug für Handschuhe, Akkulampe und anderes Zubehör.

❸ Unter der Decke. Wer nach oben blickt, entdeckt meist viel freien Platz. Auch dieser lässt sich zur Aufbewahrung nutzen, zumindest in der Garage und im Hobbyraum. Und schon sind Surfbrett und Abfahrtsski bis zum nächsten Einsatz aufgeräumt.

❹ Sicher eingehängt. Es muss ja nicht gleich ein ganzes Aufbewahrungssystem sein. Ein paar Universalhalterungen genügen schon, um etwa eine Leiter an der Decke unterzubringen. Die Halterungen lassen sich übrigens auch an der Wand befestigen, beispielsweise zum Verstauen des Gartenschlauchs.

❺ Setzkescher auf Abwegen. Für Kleinigkeiten aller Art ist diese Hängeaufbewahrung gedacht. Durch das Netzgewebe hindurch erkennt man jederzeit, was drin ist. Der Zugang ist durch die kreisrunden Löcher kinderleicht.

❻ Souverän eingelocht. Werkzeug ordentlich aber griffbereit aufzubewahren, ist ein Thema für sich. In seiner Werkstatt oder Garage will niemand im Werkzeugkasten wühlen. Lochbretter, in die sich Werkzeughalter, Sichtboxen und andere Helferlein einhängen lassen, bieten dagegen den vollen Überblick.

Wohnideen 10: Mini-Lounge unter freiem Himmel – hoch lebe der **Balkon**!

1,50 x 2,60 m = 3,9 m²

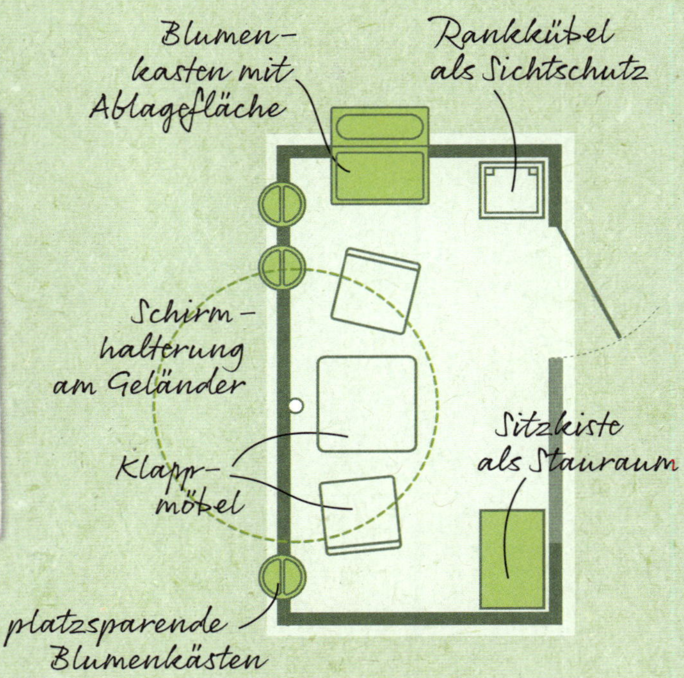

Maria (40) und Sohn Max (11) leben in einer Neubauwohnung im vierten Stock. Marias ganzer Stolz ist ihr kleiner Balkon, auf dem sie am Wochenende gern mit Max frühstückt. Abends sitzt sie mit ihrer befreundeten Nachbarin Julia draußen und klönt bei ein paar Tapas und Rotwein über Gott und die Welt und ihr neuestes Hobby – Balkongärtnern.

DIE LÖSUNGEN AUF EINEN BLICK:

1 **Sitzen & Liegen:** Maria reichen auf dem Balkon ein paar Klappstühle aus Stahl und ein Klapptisch aus Kunststoff. Die Möbel kann sie im Winter platzsparend in ihrem Kellerverschlag unterbringen. Einen dritten Sitzplatz bietet bei Bedarf die Truhe an der Hauswand.

2 **Blumen & Kräuter:** Die Blumentöpfe an der Brüstung kosten kaum Platz und lassen sich flexibel platzieren. Im Pflanzkübel gedeihen Klettergewächse, während im Tisch am Geländer Küchenkräuter Platz finden.

3 **Ablagefläche:** Der »Beiklemmtisch« am Geländer taugt nicht nur als Minibar (mit Eiswürfeln im Blumenkasten!) oder Ablage für Bücher und Zeitschriften. Da auf ihm auch ein tragbarer Computer samt Maus stehen kann, lässt er sich problemlos als Arbeitsplatz nutzen.

4 **Stauraum & Ordnung:** Kleinere Gartengeräte, Dünger und Blumenerde hat Maria in der eher schmalen Sitztruhe untergebracht. Sogar ihr Kompaktgrill und ein Vorrat an Holzkohle passen hier mit hinein.

5 **Sonnenschutz:** Wenn im Sommer die Sonne so richtig auf den Balkon knallt, ist es ohne Sonnenschutz nicht auszuhalten. Da ein Schirm mit Sockel zu viel Platz gekostet hätte, hat Maria ein kompaktes Modell aufgetrieben, das sich am Geländer befestigen lässt.

6 **Sichtschutz:** Einen Sichtschutz am Geländer braucht Maria nicht, denn wegen seiner Lage im vierten Stock ist der Balkon recht gut geschützt. Neugierige Blicke kommen allenfalls vom rechten Nachbarhaus. Dafür hat Maria mit der Kübelpflanze eine Lösung gefunden.

5
3
2
1
6
2
1
1
4

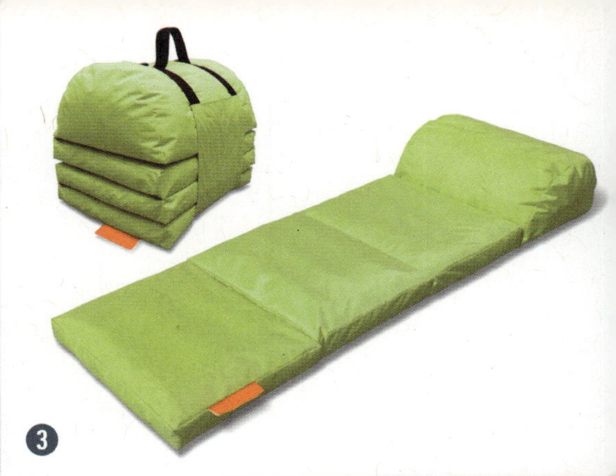

1 SITZEN & LIEGEN

1 Primus inter pares. Klappstühle sehen ja immer etwas spartanisch aus, doch gerade das prädestiniert sie für den Außendienst. Diese schicke zweifarbige Version darf sich dank ihrer aus elastischem Kunststoffgewebe bestehenden Sitzfläche und Lehne sowie der Armlehnen sogar »Sessel« nennen.

2 An die Luft gesetzt. Simpel und stylisch: eine an der Balkonbrüstung befestigte Grundplatte, in die sich verschiedene Ablage- und Sitzflächen einhängen lassen. Werden sie nicht benötigt, klappt man sie ein und kann den Platz anderweitig nutzen.

3 Beruhigendes Polster. Als »Outdoor Lounger« erleichtert diese gepolsterte Matte das Leben unter freiem Himmel – entweder als Sitzgelegenheit oder als Liegefläche mit Extrapolster im Kopfteil. Zum Verstauen oder für den Transport lässt sich der Lounger auf eine kompakte Größe zusammenfalten.

4 Günstig gelegen. Selbst auf einem »Handtuch-Balkon« lässt sich die Sonne im Liegestuhl genießen – vorausgesetzt, man wählt ein Modell aus, das genauso lang und schmal ist.

5 Solide und bequem. Klappbare Balkonstühle – schön und gut. Aber bitte keine harten, wackeligen Gestelle. Wer auch draußen auf solide Bauweise und Komfort setzt, wird mit einem solchen besonders stabilen und bequemen Sessel glücklich.

6 Maritimer Klassiker. Ob auf der Luxusyacht an der Riviera oder dem Mini-Balkon in der Großstadt – eines der bekanntesten Möbelstücke der Welt ist der textilbespannte Klappstuhl. Dank verstellbarer Rückenlehne wie geschaffen fürs Dolce vita.

7 Ohne Wenn und Aber. Für eingefleischte Puristen kann es nur eine geben – die klassische Klappgarnitur aus verzinktem Stahl. Wer sich traut, eine kräftige Farbe zu wählen, kann damit inmitten seiner grünen Oase frische Akzente setzen.

2 BLUMEN & KRÄUTER

❶ Let it grow... Vertical Gardening heißt einer der großen Trends im städtischen Bereich. Senkrechtes Gärtnern funktioniert auch auch dem Balkon. Als Raumteiler oder Hochbeet eignet sich etwa dieses vierstöckige Scherengestell – auf nur 0,2 Quadratmetern Stellfläche können sich Pflanzen darin entfalten.

❷ Einfach aufgesteckt. Pflanztöpfe auf das Balkongeländer klemmen, und das ohne Werkzeug – wie clever ist das denn? Beide Kammern lassen sich unabhängig voneinander bepflanzen. Durch sein eigenes Gewicht und das seines Inhalts wird der Topf sicher auf dem Geländer fixiert.

❸ Holzoptik. Bepflanzte Keramiktöpfe mit abgeplatzten Rändern sind kein Problem mehr, wenn man sie in eine solche Pflanzeninsel stellt. Durch den Höhenunterschied kommen Pflanzen besser zur Geltung – und lassen sich bequemer gießen. Außerdem kann man unter dem Container die Gießkanne oder die kleine Schaufel deponieren, die man immer wieder braucht.

❹ Grüner Mantel. Ob einzeln, als Dreier-Kaskade oder mehrere Kaskaden nebeneinander: Mit kompakten, einfach kombinierbaren Pflanzgefäßen fürs Geländer lässt sich nicht nur ein flächesparender Minigarten anlagen – genauso kann man das gesamte Balkongeländer damit verschönern und sich auf diese Weise einen Sichtschutz der besonderen Art schaffen.

❺ Selbstgießend. Heißer Tipp für Balkongärtner, die es mit dem Gießen nicht so genau nehmen: entweder von vornherein robuste Sorten pflanzen oder Pflanztöpfe mit integrierter Bewässerung verwenden. So fasst der Tank dieses schicken Behälters üppige vier Liter. Das Wasser wird von einer Vliesschicht aufgesogen, die es wiederum dosiert an die Erde abgibt.

3 ABLAGEFLÄCHE

1 Work-Life-Balance. Das Angenehme mit dem Nützlichen verbinden – das bietet ein Arbeitsplatz im Freien. Ein (Schreib-) Tisch mit Ablagefach, der sich ans Geländer klemmen lässt, leistet dabei hervorragende Dienste. Zum Feierabend ist er ruck-zuck in eine Minibar oder eine Ablage für Zeitschriften verwandelt.

2 Tisch ohne Kante. Halbrund ist die optimale Form für enge Balkone. Beispiel: An einem halbrunden Tisch kann sich niemand stoßen. Außerdem lässt er sich platzsparend an die Wand schieben. Dieser hier kann zudem bei Bedarf mit wenigen Handgriffen zusammengeklappt werden.

3 Ans Geländer gehängt. Dieser Klapptisch wird an horizontal verlaufenden Geländerstreben eingehängt und fixiert. Übrigens sollten Tisch- und Sitzflächen aus Holz immer »gelattet« sein, damit Regenwasser ablaufen kann.

4 Schlanke Linie. Gegenüber Tischen und Stühlen aus Holz und Kunststoff haben Balkonmöbel aus Metall meist deutlich filigranere Formen – und wirken so leicht und großzügig.

5 Tischlein-deck-dich. Rein – raus, rein – raus. Wer auf dem Balkon frühstücken will, kommt ganz schön ins Laufen. Dann ist ein Tablett von Vorteil – umso mehr, wenn es gleichzeitig als Tischplatte dient und man sich so das Tischdecken spart.

6 Kompakter Flachmann. Nicht rund, nicht halbrund oder oval: Manchmal muss es einfach ein klassischer Tisch mit vier Ecken sein. Das ist auch auf einem Balkon mit wenig Platz drin – aber nur, wenn es ein kompaktes Modell zum Klappen ist.

7 Variable Höhe. Diese Variante des Balkonklapptisches findet nicht nur an Geländern, sondern auch an Mauerbrüstungen Halt. Um ihn auf die optimale Höhe zu bringen, lässt sich seine Platte aus Bambusholz um bis zu 20 Zentimeter verschieben.

4 STAURAUM UND ORDNUNG

❶ Schicke Schränke. Nicht Low-, nicht Side-, sondern Highboards sind eine Entdeckung für schmale Balkons. Aufgrund ihrer geringen Tiefe halten sie sich im Hintergrund, werden aber trotzdem zum Blickfang. Sie eignen sich zum Aufbewahren von Geschirr genauso wie als sommerliche Cocktailbar.

❷ Flacher Deckel. Damit Sitzkissen und Auflagen für Balkonmöbel nicht nass werden oder einstauben, sollten sie nach der Benutzung in einer Kissentruhe verstaut werden. Die nimmt zwar auf kleinen Balkonen einigen Raum ein – lässt sie sich jedoch als Sitzbank nutzen, hat sie alle Argumente auf ihrer Seite.

❸ Luftgetrocknet. Nirgends trocknet Wäsche so gut wie an der frischen Luft. Leider bleibt dann auf vielen Minibalkonen kein Platz mehr zum Sitzen übrig. Das könnte sich dank eines extraschmalen Wäschetrockners ändern. Der passt zudem bei plötzlich einsetzendem Regen mitsamt der trocknenden Wäsche bequem durch die Balkontür und lässt sich dann ersatzweise in der Badewanne aufstellen.

❹ Schlanker Zweigeschosser. Auf diesen Balkontrockner passt so viel Wäsche wie auf eine zehn Meter lange Leine. An die Brüstung gehängt, erfüllt er unauffällig und platzsparend seine Aufgabe. Zum Trocknen größerer Wäschestücke lässt sich der untere Boden einfach abklappen.

❺ Grillen auf Balkonien. Auf selbst gegrillte Steaks und Würstchen verzichten, nur weil man keinen Garten hat? Kommt für echte Balkonprofis nicht in Frage. Dieser kompakte Gasgrill lässt sich samt Kartusche am Balkongeländer befestigen und stufenlos regeln. Und bevor sich die Nachbarn beschweren – am besten vorher Bescheid sagen oder einfach einladen!

5 SONNENSCHUTZ

1 Segel setzen. Knallt im Sommer die Sonne vom Himmel, wird der Balkon schnell zum Backofen. Ein Sonnensegel deckt dann oft einen größeren Bereich ab als ein Schirm. Tipp zum Selbstbau: Markisenstoff kaufen, segelförmig zuschneiden, an den Rändern breit umnähen, im Eckenbereich Ösen einschlagen.

2 Sicher gehalten. Auf einen klobigen Schirmsockel kann man auf ohnehin begrenztem Raum problemlos verzichten. Den braucht es auch nicht – denn nahezu jeder Sonnenschirm lässt sich mit Hilfe einer geeigneten Halterung am Balkongeländer oder an der Brüstung befestigen.

3 Seitenschutz. Je nach Bauweise und Ausrichtung kann ein seitlicher Sonnenschutz erforderlich sein. An überdachten Balkonen leicht zu montieren ist ein Senkrechtsegel, das sich wie ein Vorhang an einem gespannten Edelstahlseil entlang führen lässt.

4 Hälfte reicht aus. Keine halben Sachen? Manchmal schon. So ist ein Halbschirm – der tatsächlich aus einem halben Schirm besteht – auf kleinem Raum komfortabler zu handhaben und spendet dennoch ausreichend Schatten. Weiterer Vorteil: Der Schirmsockel lässt sich direkt vor der Hauswand platzieren.

5 Mächtig angespannt. Eine praktische und einfach zu handhabende Alternative zu einer Markise (die Mieter meist nicht anbringen dürfen) ist ein Sonnensegel mit Seilspanntechnik. Dieses ist mit Gleitern an zwei parallel gespannten Stahlseilen befestigt und lässt sich beliebig in beide Richtungen verschieben.

6 Modell »Hauswand«. Ein Sonnenschirm für einen kleinen Balkon muss nicht mehr als 1,5 Meter Durchmesser haben. Wichtig ist ein Kipp- und Drehmechanismus, um den Schirm nach dem aktuellen Sonnenstand ausrichten zu können.

6 SICHTSCHUTZ

1 Ausgesperrt. Neugierige Blicke, unerwünschte Windstöße und die tiefstehende Sonne hält eine am Geländer angebrachte Textilbahn fern. Dieses Modell aus wasserfestem Polyestergewebe lässt sich mit Spannbändern und Klemmen befestigen. Zudem macht das strahlende Weiß den Balkon optisch größer.

2 Nur bei Bedarf. Effektiven und mobilen Sichtschutz bieten für den Außenbereich geeignete Paravents. Während mehrteilige Modelle von selbst stehen, müssen Einteiler befestigt werden. Hier wurde ein einteiliger Paravent in Heimarbeit mit Hilfe eines Bretts und zweier Klemmen am Geländer arretiert – während die andere Seite in einem Pflanzkübel verankert ist.

3 Viertelkreis in der Ecke. Sehr wirkungsvoll ist auch ein Sichtschutzfächer aus Polyester, der auf eine Stahlkonstruktion aufgezogen ist. Dieses Modell besitzt eine Schenkellänge von 1,40 Meter. Mit einem Griff ist es aus- und eingeklappt. Bei Nichtgebrauch verschwindet der Fächer in einer Schutzhülle.

4 Dicht und grün. Hinter einer rechteckigen Pflanzeninsel lässt es sich ebenfalls ungestört relaxen. Voraussetzung: Töpfe mit Gräsern oder anderen hochwachsenden Pflanzen sind darin so dicht angeordnet, dass sie einen grünen Vorhang bilden.

5 Raus in die Natur. Bambusstäbe, Weidengeflecht, Haselnussruten – ein Sichtschutz lässt sich auch mit Matten aus natürlichem Material herstellen. Und dann wären da noch Kunststoffwände in Naturoptik – hier mit Schilf-Anmutung.

6 Langlebig und robust. Auf die Geländermaße zuschneiden lassen sich Sichtschutzmatten aus Kunststoff. Es gibt sie in verschiedenen Farben und Motiven – lichtdurchlässig bis blickdicht.

MIX-TAPE
DOLBY
1969
TO DO
TO
DO
ALT

WERFEN SIE BALLAST AB!
AUSMISTEN UND AUFRÄUMEN

Dass viele Menschen das Gefühl haben, immer weniger Platz zu haben, ist nicht ungewöhnlich. Möbel, Kleidung, Geschirr und vieles mehr haben sich in ihrer Wohnung abgelagert. Trennen Sie sich von allem, was Sie nicht mehr brauchen – und genießen Sie das Gefühl der Befreiung.

Überflüssigen Hausrat aussortieren

Oberstes Gebot beim Platzschaffen: Planen Sie Zeit ein und gehen Sie systematisch vor. Alles an einem Wochenende schaffen zu wollen, ist illusorisch. Zweite Regel: Seien Sie rigoros! Die Angst, etwas wegzuwerfen, was man über kurz oder lang wieder brauchen könnte, ist in 99 von 100 Fällen unbegründet.

Anders sieht die Sache bei Dingen aus, an denen Ihr Herz hängt. Wichtige Erinnerungsstücke – auch wenn sie noch so kitschig sind – sollen auch in beengten Verhältnissen ihren Platz haben, können aber vielleicht nach Jahren in der Vitrine oder auf dem Sideboard in einen Schrank oder eine Schublade umziehen.

So packen Sie's an:

- Konkretes Ziel setzen: Was will ich erreichen? Beispiel: mehr Platz im Keller. Wichtig: Nicht alles auf einmal anpacken!
- Zeitraum festlegen: Wann miste ich aus? Planen Sie realistisch – ein Wochenende ist schnell vorbei!
- Auswahl treffen: Was will ich ausmisten? Einmal bewusst getroffene Entscheidungen sollten Sie möglichst nicht mehr hinterfragen.
- Aktion vorbereiten: Woher bekomme ich Kisten bzw. Kartons zum Abtransport der Sachen? Wohin kommt was (Müll, Flohmarkt, Freunde etc.)?
- Motivation suchen: Warum tue ich das überhaupt? Stellen Sie sich die Wohnung/das Zimmer ohne die ausgemisteten Sachen vor. Wer freut sich eventuell noch darüber?
- Vielleicht eine Belohnung: Kaufe ich mir ein Bild, ein Buch oder ein Kissen? Hauptsache, Sie stellen den gewonnenen Platz nicht gleich wieder voll!
- Sachen wegschaffen: Wann und wie transportiere ich die aussortierten Sachen möglichst schnell ab? Merke: Wer sie noch lange herumstehen lässt, schafft sich unweigerlich neue Krempelecken – und fängt bald wieder mit dem Ausmisten an!

WELCHE SACHEN KÖNNEN WEG?

Einfache Frage, klare Antwort: Werfen Sie alles weg, was Sie ein Jahr oder länger nicht mehr benutzt haben. Dazu gehören auch Kleidungsstücke, in die Sie „bestimmt bald wieder hineinpassen" werden – oder auch nicht. Denken Sie aber auch an nutzlose Geschenke, die Sie von Anfang an genervt haben und die deshalb im hintersten Fach des Schrankes gelandet sind. Apropos Geschenke: Keiner hindert Sie daran, geschenkte (und unbenutzte) Bildbände, Kissen und Tischläufer weiter zu verschenken. Nur sollten Sie in diesem Fall Buch führen, von wem Sie welche Sachen bekommen haben. Niemand will Dinge zurückbekommen, die er selbst verschenkt hat – und viele Leute haben da ein sehr gutes Gedächtnis.

- Nicht mehr benutzte Baby- und Kinderkleidung sowie ausrangierte Kindermöbel und -spielzeug
- Nutzlose und/oder hässliche Geschenke
- Jahrelang nicht mehr genutzte Sportgeräte (Heimtrainer, Golfschläger, Snowboard u.a.)
- Zubehör für längst aufgegebene Hobbys (Angelausrüstung, Staffelei, Flugmodelle u.a.)
- Werbe-Flyer, alte Kataloge, Prospekte, ungenutzte Bedienungsanleitungen
- Nicht (mehr) benutzte bzw. veraltete Bücher (Ratgeber, Nachschlagewerke, Bildbände u.a.)
- Alte oder ungenutzte Töpfe, Pfannen und Küchenutensilien sowie Geschirrteile, Gläser und Besteck
- Kaputte Malstifte, leere Kugelschreiber und andere nicht benutzte Büroutensilien
- Abgelaufene Medikamente und Kosmetika sowie alte Seifen, Duschgels und Shampoos
- Verschlissene und aus anderen Gründen nicht mehr benutzte Handtücher, Tischdecken sowie Bettwäsche
- Leere, auf Vorrat gehortete Behälter (Schuhkartons, Schraubgläser, Plastiktüten u.a.)
- Beschädigte bzw. nicht mehr benutzte Datenträger, Videobänder, Filmnegative etc.

Und noch etwas: Ballast abzuwerfen macht den Blick frei auf die Gegenstände, die Sie wirklich brauchen und mögen: Lieber ein einziges, dafür vollständiges und hübsches Geschirrservice, als im Schrank verstreute Einzelteile oder übriggebliebene Reste früherer Services.

Kaputt, abgelaufen, nutzlos – weg damit:

- Kleidungsstücke: Sämtliche Sachen, die Ihnen nicht mehr passen oder die Sie seit mindestens einem Jahr nicht mehr getragen haben
- Abgewetzte, ausgetretene oder müffelnde Schuhe

BÜCHER, ZEITSCHRIFTEN UND ANDERES PAPIER

Viele Menschen brauchen den Anblick ihrer Bücher, um sich wohlzufühlen. Doch müssen es gleich Hunderte sein? Wer bewusst auf riesige, vollgestopfte Regale als Wohnambiente verzichtet, kann ebenfalls beträchtliche Raumgewinne erzielen. Wie bei Musik und Fotos gilt es zu entscheiden, ob Sie »Tabula rasa« machen oder einen weniger radikalen Weg gehen wollen.

Bevor Sie ohne Lesestoff dasitzen und Ihren neuen E-Book-Reader mühsam – und kostenpflichtig – mit elektronischen Büchern füllen müssen, empfiehlt sich ein eher schonendes Vorgehen. Erst recht, wenn Sie mit Kindle, Tolino & Co. noch nicht so gut vertraut sind.

Eigentlich ist es ganz einfach: Bücher, die Sie kein zweites Mal lesen wollen oder die bereits seit Jahren ungelesen vor sich hin stauben, können Sie getrost aussortieren (siehe unten »Wohin mit alten Büchern?«). Den Rest behalten Sie. Übrigens: Als Erfolg verbuchen können Sie es schon, wenn nach dem Ausmisten endlich jene Neuzugänge einen Platz finden, die sich bisher auf der Anrichte oder dem Fußboden stapelten!

Was die alten Unterlagen aus Studienzeiten betrifft, die schon seit Jahren im Keller lagern – wie oft haben Sie schon hineingeschaut? Weg damit! Die darin enthaltenen Informationen sind in der Regel nicht für den schnellen Zugriff aufbereitet. Sie bekommen das meiste außerdem bei Bedarf in der Bibliothek oder über das Internet.

WOHIN MIT ALTEN BÜCHERN?

Verschenken statt wegwerfen – wer mit ausrangierten Schmökern anderen etwas Gutes tun will, findet bei öffentlichen Bibliotheken und sozialen Einrichtungen (Caritas, Oxfam etc.) in der Regel dankbare Abnehmer. Auch Jugendzentren, Altenheime und Tagesstätten freuen sich über Nachschub. Tipp: In kleineren Orten ohne Bibliothek organisieren Privatleute zunehmend »öffentliche Bücherschränke« und Straßenbibliotheken. Auch diese nehmen Bücherspenden entgegen.

Wer sich noch ein paar Euro Erlös erhofft, bringt die Bücher ins Antiquariat oder verkauft sie auf dem Flohmarkt. Noch bequemer geht das über Dienstleister wie Rebuy (www.rebuy.de), Ichkaufealles.de (www.ichkaufealles.de) und Momox (www.momox.de).

Beispiel Momox: Sie legen sich ein kostenloses Nutzerkonto an und tippen dann die ISBN-Nummern der Bücher in die Bildschirmmaske ein. Daraufhin erscheint jeweils der tagesaktuelle Ankaufspreis. Haben Sie mindestens zehn Euro auf der Habenseite, klicken Sie auf »Verkauf abschließen«, packen die Bücher in einen Karton und drucken Inventarliste sowie Gratis-Paketschein aus. Entweder geben Sie das Paket dann selbst auf oder Sie lassen es nach Terminvereinbarung kostenfrei abholen. Alternative: Sie verschenken die Bücher an eine Bibliothek oder spenden sie für soziale Zwecke.

Ähnlich ist die Situation in Bezug auf Zeitungen und Zeitschriften. Natürlich gibt es Zeitungsständer zum Verstauen aktueller und gerade in Gebrauch befindlicher Tageszeitungen und Magazine. Doch wohin mit den Zeitschriftenstapeln auf und unter dem Couchtisch? Wohin mit den kompletten Jahrgängen an Fachzeitschriften, die Ihnen das Regal blockieren? Die brauchen Sie noch? Wann haben Sie zuletzt darin geblättert? Keine Ahnung? Dann weg damit. Falls Sie doch einmal eine bestimmte Ausgabe oder auch nur einen Artikel benötigen, können Sie sich immer noch einen Zugang zum Onlinearchiv beschaffen. Die meisten Verlage bieten diesen zeitlich begrenzt und für überschaubares Geld an.

VERTRÄGE, BELEGE UND URKUNDEN

Auch in Aktenordnern, Stehsammlern und Aufbewahrungsboxen schlummert jede Menge bedrucktes Papier, das kein Mensch mehr braucht. Sorgen Sie deshalb mindestens einmal jährlich konsequent für Platz! Nur so behalten Sie den Überblick über Ihre Unterlagen. Damit keine Missverständnisse aufkommen: Niemand verlangt, dass Sie Sachen wegwerfen, die Sie noch brauchen könnten. Das gilt insbesondere für wichtige Dokumente. Kann ja sein, dass das Finanzamt doch einmal einen länger zurückliegenden Beleg will oder Sie einen Handwerker zur Nachbesserung auffordern wollen.

Zu den Unterlagen, die Sie in jedem Fall über längere Zeit aufheben sollten, gehören unter anderem Gehaltsabrechnungen, Meldungen zur Sozialversicherung, Kaufverträge und Ähnliches. Im Lauf der Jahre kommen da leicht ein paar Regalmeter zusammen. Wer einen Keller, Dachboden oder Abstellraum zur Verfügung hat, kann sich Luft verschaffen, indem er Schriftstücke auslagert und am neuen Ort in ein Regal oder einen Drehschrank verfrachtet. Beschriftung nicht vergessen!

DOKUMENTE: AUFHEBEN ODER WEGWERFEN?

Für private Dokumente existiert keine gesetzliche Aufbewahrungsfrist. Dennoch ist es wichtig, Rechnungen, Kaufbelege, behördliche Bescheide etc. eine Zeitlang aufzubewahren, um etwa Ansprüche geltend machen zu können. Hier steht, was Sie wie lange behalten sollten:

- Nebenkostenabrechnungen (Mieter): 1 Jahr nach Erhalt
- Mietverträge, Übergabeprotokolle: 3 Jahre nach Ablauf des Jahres, in dem das Mietverhältnis endet
- Rechnungen und Zahlungsbelege: bis zum Ablauf der gesetzlichen Gewährleistungsfrist (2 Jahre) bzw. bis zum Ende einer darüber hinausgehenden Garantie
- Kaufbelege wertvoller Güter: über die gesamte Nutzungsdauer – als Nachweis des Wertes bei einem eventuellen Weiterverkauf bzw. als Nachweis für die Versicherung, zum Beispiel bei Unwetter oder Diebstahl
- Kontoauszüge: 3 Jahre nach Ablauf eines Kalenderjahrs (Kaufnachweis), Kontoauszüge zum Nachweis wiederkehrender Zahlungen (Miete, Unterhalt) 4 Jahre
- Handwerkerrechnungen: 2 Jahre nach Ablauf des Jahres der Rechnungsstellung
- Rechnungen zum Neu- oder Umbau eines Eigenheims: 5 Jahre nach Ablauf des Jahres, in dem die Rechnung gestellt wurde
- Verträge mit Banken und Versicherungen: über die gesamte Vertragslaufzeit bzw. bis sie steuerlich nicht mehr relevant sind. Bei Statusmitteilungen (etwa für Lebens- und Rentenversicherungen) reicht jeweils die aktuellste Version
- Steuerbescheide: mindestens 10 Jahre bzw. so lange sie als Nachweis über Einkommensverhältnisse benötigt werden (zum Beispiel für Kredite oder Sozialleistungen)
- Lohn- bzw. Gehaltsabrechnungen: bis Renteneintritt
- Personaldokumente, Geburts-, Heiratsurkunde, ärztliche Gutachten/Befunde etc.: unbegrenzt

GEBRAUCHTE KLEIDER UND SCHUHE

Wussten Sie schon: Die meisten Menschen tragen nur etwa ein Fünftel ihrer Kleidung. Der Rest hängt oder liegt im Schrank und nimmt vor allem Platz weg. Damit nicht genug: Bei vielen Leuten platzt der Kleiderschrank aus allen Nähten, und sie müssen Ausweichquartiere für jene Sachen organisieren, die keinen Platz mehr finden. Eine zusätzliche Kommode hier, eine mobile Kleiderstange da – schon ist das Zimmer voll. Das ist zum einen unpraktisch, weil mit zusätzlichen Wegen verbunden. Zum anderen dominieren mehrere kleinere Einzelmöbel einen Raum unter Umständen deutlich stärker, als es ein großer Schrank vermag.

Kleiderschrank mit System

- Nehmen Sie zunächst alle Kleider aus dem Schrank und reinigen Sie ihn gründlich. Wer schrittweise vorgehen will, nimmt sich anschließend der Reihe nach Pullover, Blusen, Hemden, Hosen etc. vor.
- Falls Sie ein flexibles Innensystem (etwa verstellbare Kleiderstangen) haben: Was muss verändert werden?
- Kleider, die Ihnen nicht mehr passen oder die Sie mindestens ein Jahr lang nicht getragen haben, können Sie getrost weggeben.
- Sortieren Sie Ihre Garderobe am besten nach Größe, Art, Farbe und Saison und räumen Sie die Sachen dann geordnet wieder ein.
- Dinge, die Sie besonders gern und oft tragen, platzieren Sie am besten in Augenhöhe, so dass sie leicht zugänglich sind.
- Seltener Getragenes räumen Sie eher nach oben und nach hinten.
- Hängen Sie Bügel nicht zu eng nebeneinander und türmen Sie Kleiderstapel nicht zu hoch auf, damit die Sachen nicht zerknittern.
- Denken Sie an intelligente und platzsparende Helfer wie besonders schmale Bügel, Bügel für Tücher oder Krawatten sowie Schubladeneinsätze, etwa für Unterwäsche oder Gürtel.
- Achten Sie beim Kauf neuer Kleidungsstücke darauf, dass sie sich mit bereits vorhandenen kombinieren lassen. Einzelstücke, die nur zu einem Outfit passen, sorgen bald wieder für Verstopfung im Schrank.

Wie wäre es, wenn Sie sich vornehmen, Ihren Kleiderschrank künftig so zu managen, dass Sie alles unterbekommen? Sie müssen deshalb ja nicht in Aktionismus verfallen: Planen Sie ausreichend Zeit ein, um den nötigen Platz zu schaffen. Der freie Tag, an dem Sie alles auf einen Schlag erledigen, kommt nicht. Und wenn Sie nur ein einziges Fach schaffen, weil Sie alles vorher anziehen müssen – auch gut. Hauptsache, Sie trennen sich danach von den Sachen, in denen Sie sich nicht wohlfühlen.

ROTATIONSPRINZIP SCHAFFT PLATZ

Wer sagt überhaupt, dass Sie sämtliche Kleider in Reichweite haben müssen? Wer auf dem Dachboden oder im Keller Platz hat, quartiert im Sommer seine Wintersachen aus und umgekehrt. Dafür eignen sich Stoff- bzw. Faltschränke. Allerdings sollte es im Keller nicht zu feucht sein, sonst riechen die Klamotten beim Hervorholen modrig. Eine gute – wenn auch keine ausgesprochen günstige – Alternative sind Vakuumbeutel, in die sich Mantel, Pullover etc. verpacken lassen ohne anschließend

zu müffeln. Wer dieses Rotationsprinzip konsequent befolgt, reduziert den Platzbedarf in der Wohnung und kann eventuell auf zusätzliche Möbel verzichten.

WOHIN MIT GEBRAUCHTEN KLEIDERN?

Was Sie selbst entbehren können, braucht vielleicht jemand anderer: Werfen Sie aussortierte Kleider und Schuhe deshalb nicht gedankenlos in den Müll. Sind sie noch in brauchbarem Zustand, können Sie sie spenden – zum Beispiel über die Altkleider- bzw. Schuhsammlung, den Adventsbasar der Kirchengemeinde oder gemeinnützige Einrichtungen, die die Sachen kostenlos an Bedürftige weitergeben. Manche davon holen die Sachen sogar kostenlos bei Ihnen zu Hause ab.

Wer ausrangierte Kleider lieber verkaufen möchte, kann etwa einen Flohmarktstand organisieren oder stellt die Sachen in einer Auktionsplattform im Internet ein. Für junge Eltern gilt: Babyklamotten werden durch jahrelanges Lagern nicht besser. Wer sie anderen Eltern leiht, hat gute Chancen, wenn er selbst mal Nachschub braucht – und kann in der Zwischenzeit den freigewordenen Stauraum für anderes nutzen.

ALTE MÖBEL UND ANDERER SPERRMÜLL

Einen Sessel oder eine Kommode auszusortieren will gut überlegt sein. Möbelstücke erfüllen gemeinhin eine Aufgabe. Doch gerade, wenn Möbel nur noch nutzlos herumstehen oder Sie eine Neuanschaffung planen, ist es sinnvoll, Platz zu schaffen.

Als Sperrmüll gelten gemeinhin Möbelstücke und andere Einrichtungsgegenstände, die nicht in eine reguläre Mülltonne passen. Manche Kommunen holen Sperrmüll zu festen Terminen kostenfrei ab, in anderen Orten bleibt nur der Weg zum Wertstoffhof. Allerdings lassen sich dort in der Regel nur »haushaltsübliche«, also kleinere Mengen kostenfrei entsorgen. Dasselbe gilt – nach Anmeldung – für die kostenlose Mitnahme von Sperrmüll im Rahmen der Müllabfuhr. Für größere Mengen oder besonders sperrige Gegenstände können Sie beim örtlichen Entsorgungsunternehmen einen Container bestellen – dieser ist allerdings meist kostenpflichtig.

Tipp: Entsorgen – aber richtig!
Kleinere ausrangierte Sachen können Sie problemlos in den Restmüll geben – das gilt jedoch nicht für Haushaltsgeräte, Möbel, Teppiche und Matratzen, die aufgrund ihrer Größe nicht in die Mülltonne passen! Gut, wenn Ihre Gemeinde Sperrmüll regelmäßig abholt. Falls nicht, geht das meist auf Antrag (wenn auch kostenpflichtig). Wer ein Auto hat, kann zumindest kleinere Sachen selbst zum Wertstoffhof bringen.

AUSUFERNDE SAMMLUNGEN

Porzellankätzchen, Eisenbahnermützen, Straßenschilder – sammeln lässt sich irgendwie alles. Aber es ist ein Unterschied, ob Sie tatsächlich etwas aktiv sammeln, geschenkte oder ererbte Sachen aus sentimentalen Gründen behalten oder nur nichts wegwerfen können.

Gegen echte Sammelleidenschaft ist nichts zu sagen. Wer etwa schon seit Ewigkeiten Atlanten, Röhrenradios oder historische Stichwaffen sammelt und damit glücklich ist, kann sich höchstens überlegen, seine Stücke platzsparender zu präsentieren – etwa in einer Vitrine oder einem Wandregal mit geringer Tiefe – oder Teile davon in ein Schubladensystem auszulagern. Wer dagegen vor 20 Jahren mit einem Sammlerhobby angefangen, kurz darauf wieder aufgehört und sich seitdem nie wieder dafür interessiert hat, sollte ernsthaft darüber nachdenken, die wahrscheinlich längst verstaubte Sammlung aufzulösen. Stellen Sie sich vor, Sie würden umziehen: Wären Sie wirklich bereit, das alles einzupacken und eventuell sogar selbst durch die Gegend zu schleppen?

Dass Sie die kürzlich von einem verstorbenen Familienmitglied geerbte Münzsammlung nicht bereits unmittelbar nach dessen Tod verkaufen wollen, ist verständlich. Doch wie wäre es, ausgewählte Münzen als Erinnerungsstücke zu behalten und den Rest zum Kauf anzubieten?

Noch ein Rat: Vermeiden Sie, heute schon »für die Kinder« zu sammeln – erst recht, wenn Sie noch gar keine haben. Wer weiß schon, ob diese sich später einmal für japanische Comics, rosa Stofftiere oder leere Weißblechdosen interessieren?

Stichwort: Selfstorage

Ob längerer Auslandsaufenthalt oder schlicht Platzmangel – wer einen Teil seines Hausrats vorübergehend auslagern will, kann sich Lagerraum mieten. Selfstorage nennt sich das aus den USA stammende Prinzip, das auch hierzulande immer populärer wird. Abgerechnet wird nach Größe der gemieteten Fläche und Zeitdauer. Wer einen Raum mietet, sollte unbedingt darauf achten, dass dieser über eine moderne Sicherheits- und Brandschutzanlage verfügt und rund um die Uhr bewacht ist. Seit 2009 besitzt die Branche einen eigenen Standard, die DIN 15696, der unter anderem die Privatsphäre der eingelagerten Sachen gewährleistet. Weitere Infos: www.selfstorage-verband.de

Fotos, Musik und Videos platzsparend speichern

Schallplatten, Videobänder, Magnetbandkassetten: Analoge Speichermedien nehmen in vielen Haushalten nach wie vor beachtlichen Raum ein. Doch auch digitale Speicher wie CD, DVD und Blu-Ray benötigen Platz. Ihre Unterbringung will gut überlegt sein – erst recht, wenn sie in größeren Stückzahlen vorhanden sind. Natürlich kann das Regal, das die Plattensammlung beherbergt, ein dekoratives Element und Ausdruck des Lebensstils der Bewohner sein. Doch in aller Regel wollen nur eingefleischte Sammler ihren Schätzen einen derart prominenten Platz reservieren.

Den meisten Musik- und Filmliebhabern geht es weniger um die Präsentation ihrer Sammlung, als um die gespeicherten Inhalte. Und, mal ehrlich – die meisten CD-Regale verschandeln eher die Optik, als dass sie die Silberscheiben ins rechte Licht rücken. Brauchen Sie überhaupt noch CDs, wenn heute schon der Speicher eines tragbaren Abspielgeräts mehrere hundert Alben fasst? Ganz zu schweigen von externen Festplatten mit mehreren Terabyte Speicherplatz.

SPEICHERORT FESTLEGEN

Der Abschied von physischen Datenträgern ist vergleichsweise einfach. Speichern Sie Ihre Daten am besten an einem zentralen Ort, auf den Sie über das Heimnetzwerk zugreifen können. Das kann eine externe Festplatte sein, die Sie an Ihren Netzwerk-Router anschließen. Die professionellere Lösung ist ein sogenannter NAS-Server (NAS = Network attached storage), der sich ebenfalls ins Netzwerk integrieren lässt und in der Regel noch weitere Funktionen bietet. Viele Modelle sind nicht viel größer als eine externe Festplatte. Ein NAS-Server lohnt sich vor allem für Haushalte, deren Bewohner mit mehreren Geräten (etwa Computer, Handy, Stereoanlage, Fernseher) unabhängig voneinander auf eine größere Datenmenge zugreifen und Inhalte abspielen (»streamen«) wollen.

Rechts: Ein NAS-Server enthält mindestens zwei Festplatten. Damit es im Fall eines Plattendefekts nicht zu Datenverlusten kommt, kann der Nutzer den Server so konfigurieren, dass seine Daten regelmäßig hin- und herkopiert (»gespiegelt«) werden.

Tipp: Datenwust begrenzen

Warum Digitalfotos aussortieren? Warum nicht massenweise Musik-CDs aus der Stadtbibliothek ausleihen und wahllos auf die heimische Festplatte »rippen«? Speicherplatz ist doch heute fast unbegrenzt vorhanden. Stimmt schon, doch Vorsicht: Ein riesiger, eventuell schlecht sortierter Datenwust raubt Ihnen im Handumdrehen den Überblick. Löschen Sie deshalb doppelte, verwackelte oder anderweitig misslungene Aufnahmen – am besten schon bei der Durchsicht auf dem Kameradisplay. Was die Musik betrifft: Horten Sie nicht wahllos Gigabytes, sondern beschränken Sie sich auf Stücke, die Sie wirklich hören.

Tipp: Netzwerkgeräte verbinden
Ein endloses Kabelgewirr in der Wohnung sieht unschön aus und birgt Unfallgefahren. Grundsätzlich lassen sich Netzwerkgeräte nicht nur per Kabel, sondern auch per Funk (WLan) sowie über die heimischen Stromleitungen (»Powerline«) miteinander verbinden. Doch nicht jede Verbindungsart eignet sich für jeden Zweck.

Faustregel: Für Multimedia-Anwendungen reichen WLan-Verbindungen in aller Regel aus. Wer jedoch einen zentralen Netzwerkspeicher anschließen will, sollte nach Möglichkeit auf die klassische Verkabelung setzen (siehe Tipp »Kabel am schnellsten«, Seite 173). **Extra-Tipp:** Falls Sie vorhaben zu renovieren, nutzen Sie die Gelegenheit und lassen Sie dabei gleich Netzwerkkabel unter Putz verlegen.

Wer kein Netzwerk zu Hause hat, sondern lediglich einen lokalen Speicherplatz für seine Fotos braucht bzw. Musik und Videos ausschließlich über seinen Rechner und eventuell noch das Smartphone konsumiert, für den genügt auch eine externe Festplatte als Datenspeicher – regelmäßige Sicherungskopien vorausgesetzt. Natürlich eignen sich auch Speicherkarten, USB-Sticks sowie beschreibbare CDs und DVDs. Während sich Sticks und Karten schwer archivieren lassen und vor allem zum Datentransport eignen, können die silbernen Scheiben, in Steckalben aufbewahrt, eine gute Alternative sein.

ANALOGE DATEN DIGITALISIEREN

Nicht jeder mag ohne Weiteres auf Gewohntes verzichten. Wer seine Platten, Kassetten und Fotos digitalisiert, bringt sich um das – natürlich rein subjektive – Vergnügen des Auflegens und Umdrehens einer Schallplatte, des Einlegens einer Magnetbandkassette, des An-die-Wand-Werfens von Dias. Wer dagegen auf das Kratzen der Nadel, Bandsalat im Kassettendeck sowie seit Jahren herumliegende und kaum noch zuordenbare Filmstreifen gut verzichten kann, sollte sich umgehend ans Werk machen. Gute Nachricht für Nostalgiker: Keiner zwingt Sie, die von der Schallplatte her vertrauten Knackser und das Rauschen aus der digitalen Aufnahme zu entfernen.

Um analoge Daten digitalisieren zu können, benötigen Sie die passende Technik (siehe unten »Analoge Schätze…«). Zwar bieten Händler vergleichsweise preisgünstige Geräte an – wer aber bereits einen guten Platten- oder Kassettenspieler besitzt, braucht keinen zweiten. Nutzen Sie dann besser Ihre vorhandenen Geräte und investieren Sie allenfalls in einen Vorverstärker plus Software.

ANALOGE SCHÄTZE INS DIGITALE ZEITALTER RETTEN

Aus analog wird digital – um Ihre Musik- oder Videosammlung zu digitalisieren, benötigen Sie die passende Hard- und Software. Wer Wert auf hohe Bild- und Tonqualität legt, meidet zudem Billigware und verwendet nach Möglichkeit bereits vorhandene Abspielgeräte. So steht nach getaner Arbeit keine ungenutzte Elektronik in der Wohnung herum.

Stichwort: Streaming
Musik und Filme haben viele Leute nicht mehr im Regal stehen, sondern streamen sie bei Bedarf. Streaming bezeichnet das gleichzeitige Übertragen und Abspielen von Audio- und Videodateien über ein Netzwerk (zum Beispiel das Heimnetzwerk oder das Internet). Der Nutzer muss nichts herunterladen und keinen Speicherplatz bereitstellen – kann aber auch nichts auf eine CD oder DVD brennen oder auf Festplatte speichern. Im Internet buhlen zahlreiche Firmen um Kundschaft. Beispiel Audio-Streaming: Wer sich etwa bei einer Musikplattform wie Napster, Simfy oder Spotify anmeldet und einen Pauschalpreis zahlt, kann mit Notebook, Tablet oder Smartphone – teilweise auch mit der Stereo- bzw. Multiroomanlage – auf eine riesige Auswahl an Titeln zugreifen.

Im Videobereich funktioniert dieses Prinzip analog. Über Internet-Videoportale sowie Live-Stream- und »Video-on-demand«-Angebote lassen sich – ebenfalls gegen Gebühr – unter anderem Videoclips, Filme, Serien und Dokumentationen auf den Computer, den Fernseher oder mobile Geräte streamen.

Schallplatten: USB-Plattenspieler digitalisieren Musik und speichern diese auf dem Computer bzw. auf CD oder Stick. Bearbeitungssoftware zum Importieren sowie Beseitigen von Rauschen oder Knacken liegt meist bei. Wer seinen eigenen Plattenspieler nutzen will, kauft sich zusätzlich einen Phono-Vorverstärker mit beiliegender Software – oder schließt den Plattenspieler an die Soundkarte des Computers an und lädt sich ein Übertragungsprogramm aus dem Internet herunter (zum Beispiel die Gratis-Software »Audacity«).

Musikkassetten: Spezielle USB-Kassettendecks (zum Teil in Gestalt tragbarer Abspielgeräte erhältlich und als solche nutzbar) speichern den Inhalt von Kassetten auf dem Rechner (Bearbeitungssoftware meist inklusive). Vorhandene Kassettenspieler lassen sich auch direkt an den Rechner anschließen und die Musik mit Hilfe einer Software importieren und bearbeiten.

VHS-Videos: Mit Hilfe externer Analog-Digital-Wandler (»Video-Grabber«) und geeigneter Software lassen sich Filme von Videorecorder und Camcorder auf den Rechner und von da zum Beispiel auf DVD überspielen. Zum Digitalisieren von VHS-Kassetten eignen sich prinzipiell auch VHS/DVD-Kombigeräte, die jedoch teuer in der Anschaffung und nach dem Digitalisieren überflüssig sind.

Fotoabzüge: Mit Hilfe eines Flachbettscanners landen Fotoabzüge in digitaler Form auf dem Computer. Wer keine allzu hohen Ansprüche hat, kann seine Abzüge auch mit einer guten Digitalkamera abfotografieren. Für bestmögliche Qualität empfiehlt es sich, in den Fotoladen zu gehen oder einen professionellen Scandienst (Internet) zu beauftragen.

Filmstreifen: Spezielle Filmscanner bannen sowohl Positive, Negative als auch (mit Diaaufsatz) gerahmte Dias auf den Computer, wo sich die Daten weiterbearbeiten (zum Beispiel Negative in Positive verwandeln) und archivieren lassen. Allerdings muss man deutliche Abstriche bei der Qualität in Kauf nehmen. Auch hier ist es deshalb eine Überlegung wert, einen externen Dienstleister zu beauftragen.

DIGITALE DATEN ARCHIVIEREN

Auch Audio- und Videodaten auf digitalen Speichermedien brauchen im Regal oder TV-Schrank jede Menge Platz. Steckalben sind für Original-CDs keine echte Alternative, da die meisten Musikfans zumindest auf das Booklet ungern verzichten würden. Im Fall von Original-DVDs und Blu-Rays erfüllt diese Art des Archivierens die Ansprüche von Sammlern schon eher, da ihre Hüllen meist nur einfache Einlegeblätter enthalten. Zudem lassen sich die Aufnahmen nicht ohne Weiteres digitalisieren (siehe Tipp auf der nächsten Seite).

Tipp: Kopierschutz beachten
Originalaufnahmen auf DVD und Blu-Ray sind aus Gründen des Kopierschutzes in aller Regel an den jeweiligen Datenträger gebunden. Zwar existieren Möglichkeiten, um Inhalte während des Abspielens mit Hilfe einer Software auf Festplatte aufzunehmen und so den Kopierschutz zu umgehen. Nutzer betreten hier jedoch eine rechtliche Grauzone und sollten – um sich abzusichern – zuvor bei einem spezialisierten Anwalt Informationen einholen.

Was CDs angeht, besteht die günstigste und platzsparendste Alternative im Auslesen (»Rippen«) und Speichern von CD-Inhalten auf einer Festplatte bzw. dem heimischen Server. Dazu braucht es eine geeignete Software und etwas Zeit. Jede CD muss einzeln ins Laufwerk eingelegt und ausgelesen werden. Immerhin lassen sich über Internet-Datenbanken Informationen wie Titel, Interpret, Albumname und Coverfoto automatisch hinzufügen. Ganz wichtig: ein Backup. Das heißt: Kopieren Sie für den Fall eines Datenverlusts in regelmäßigen Abständen alle Dateien auf ein separates Speichermedium.

Stichwort: Rippen
Rippen bezeichnet den Vorgang des Auslesens von Informationen von einem Datenträger samt anschließendem Speichern, zum Beispiel auf einer Festplatte. Am gebräuchlichsten ist der Begriff beim Kopieren von Audio-CDs für den privaten Gebrauch. Dabei werden die Audiodaten mittels einer Software meist in ein platzsparendes Format wie den verbreiteten MP3-Standard umgewandelt und gespeichert.

Wer auf Original-CDs gespeicherte Daten verlustfrei archivieren will, legt sich mit Hilfe einer Software (zum Beispiel der Freeware »Exact Audio Copy«) identische Kopien davon an. Da Kopien im Original-Dateiformat WAV zu viel Speicherplatz verschlingen würden, empfiehlt sich das Umwandeln in ein weniger datenhungriges und dennoch verlustfreies Dateiformat wie etwa FLAC (»Free Lossless Audio Codec«). Einmal abgelegt, lassen sich aus FLAC-Dateien problemlos Kopien in einem komprimierten Dateiformat (zum Beispiel MP3) herstellen, um sie etwa auf mobilen Geräten zu nutzen. Wer keine gesteigerten Ansprüche an die Klangqualität hat, kann auf identische Kopien verzichten und die Daten sofort in MP3 oder einem vergleichbaren Format speichern.

Der Aufwand lohnt sich in jedem Fall: Im besten Fall reduzieren Sie durch dieses Vorgehen den physischen Platzbedarf Ihrer Schätze auf nahezu Null. Immer vorausgesetzt, Sie trennen sich anschließend von den CDs – oder lagern sie zumindest aus.

Ähnlich verfahren Sie mit Fotos und selbst gedrehten Videos. Worauf es hier ankommt ist eine sinnvolle Ordnerstruktur auf der Festplatte und »sprechende« Dateinamen. Wer jede Menge Fotos mit Namen wie »000123.jpg« besitzt, wird sich schwertun, jemals ein Motiv wiederzufinden. Auch hier empfiehlt sich eine Software, die die Dateien bereits beim Import umbenennt.

CALEXICO
TOM WAITS ALICE
BLAZING BLUEGRASS
EMI CLASSICS

Abspielgeräte mit geringem Platzbedarf

Multimedia-Daten zu speichern ist das eine – doch wie steht es um die zum Abspielen benötigte Technik? Gesetzt den Fall, Sie entscheiden sich, Ihre Musiksammlung auf einer Festplatte zu speichern. Bedenken Sie, dass Ihre vielleicht schon etwas in die Jahre gekommene Stereoanlage wahrscheinlich nichts mit diesen Daten anfangen kann – jedenfalls nicht ohne Weiteres. Sie können natürlich Ihre CDs behalten und zweigleisig fahren – Festplatte am Rechner, CDs für die Anlage – doch damit gewinnen Sie unterm Strich nicht einen Kubikmillimeter Platz. Konsequenter ist es allemal, neue Wege zu gehen.

Wer seine Daten zentral speichert, sollte sich überlegen, mit welchen Geräten er diese künftig konsumieren will. Soll das nur am Computer geschehen, ist eine andere Ausrüstung nötig als für das Beschallen der ganzen Wohnung – erst recht, wenn Sie von einer Heimkinoanlage mit sechs oder mehr Lautsprechern träumen. Übrigens: Auch diese muss bei guter Planung selbst in kleinen Räumen kein Wunschtraum bleiben (siehe »Kompakt und schick« auf der folgenden Seite).

Tipp: Alte Hard- und Software loswerden
Stereoanlagen, Datenträger, Haushaltsgeräte, Handys, Druckerpatronen und Tonerkartuschen – es gibt auch in Sachen Technik (fast) nichts, was man nicht für ein paar Euro irgendwo loswürde. Auch hier können Internetdienste sehr hilfreich sein. Aber aufpassen: Anders als große Plattformen wie Ebay und Amazon lassen sich über Dienstleister wie www.geldfuermuell.de und www.wirkaufens.de nur bestimmte Produkte an den Mann bringen.

DIGITALE DATEN ABSPIELEN

Je nachdem, über welche Abspielgeräte Sie verfügen und ob Sie ein Heimnetz betreiben, stehen Ihnen folgende Möglichkeiten zur Verfügung:

Lokaler Computer + tragbare Geräte: Eine externe Festplatte ermöglicht das Hören von Musik, Anzeigen von Fotos sowie Abspielen von Filmen auf dem jeweils angeschlossenen Rechner (zum Beispiel Notebook mit Aktivlautsprechern bzw. Kopfhörer). Rechner oder Festplatte lassen sich an Fernseher oder Stereoanlage koppeln, wenn diese über geeignete Eingänge für Audio- und Videosignale verfügen. Außerdem lassen sich die Daten per USB-Kabel vom Rechner auf tragbare Geräte wie Handy und MP3-Player kopieren.

Netzwerk-Computer + tragbare Geräte: Der Zugriff auf die Daten von mehreren Rechnern (Desktops, Laptops, Tablets, Handys etc.) ist nur innerhalb eines Heimnetzwerks (Lan) möglich. Als Schaltstelle ist ein Netzwerk-Router erforderlich, mit dem die Rechner per Netzwerkkabel, über das heimische Stromnetz (»Powerline«) oder drahtlos (WLan) verbunden sind. Tipp: Die meisten DSL-Modems besitzen einen integrierten Netzwerk-Router mit WLan-Funktion.

Stereo-/Heimkinoanlage: Besitzt die Anlage, genauer gesagt ihr Verstärker bzw. AV-Receiver, selbst keinen Netzwerkanschluss, lässt sie sich in der Regel netzwerkfähig machen, indem man etwa eine kompakte Dockingstation oder einen Netzwerk-Player anschließt. Mit deren Hilfe lassen sich innerhalb des Heimnetzwerks verfügbare Daten von jedem Speicherort über die Anlage streamen – Sie können aber auch auf kostenpflichtige Musik- und Videoplattformen im Internet zugreifen.

Multiroomanlage: Kabellose Audiosysteme für mehrere Räume versprechen Hörgenuss in der ganzen Wohnung. Per Funk (WLan) lassen sich Songs, Hörbücher etc. in alle Zimmer übertragen, in denen ein streamingfähiges Abspielgerät steht. Die Daten liegen entweder auf einer netzwerkfähigen Festplatte, auf einem oder mehreren ins Netzwerk eingebundenen Rechnern, Tablets oder Smartphones – oder im weltweiten Netz (etwa Musikdienste, Internet-Radiosender). Je nach Wunsch können Bewohner von jedem Raum aus auf unterschiedliche Inhalte zugreifen oder mehrere Hörzonen zusammenschalten.

Tipp: Kabel am schnellsten

Im Unterschied zu großen Wohnungen lassen sich kleine Räume meist besser verkabeln. Das hat Vorteile: Über Netzwerkkabel sind Datenübertragungsraten bis zu 1 000 Megabit pro Sekunde möglich – dafür geeignete Geräte vorausgesetzt. Mit einem solchen Gigabit-Lan gehören ruckelnde Videos und stundenlange Wartezeiten beim Kopieren größerer Datenmengen der Vergangenheit an. Doch auch mit funkbasierten Verbindungen (WLan, bis zu 300 Mbit/s) oder der Datenübertragung per Stromleitung (Powerline, bis zu 200 Mbit/s) funktionieren Multimedia-Anwendungen im Heimnetzwerk meist problemlos.

KOMPAKT UND SCHICK – PLATZSPARENDE AUDIO- UND VIDEOSYSTEME

Wer sich entscheidet, auf seinen klobigen Hi-Fi-Turm und die riesigen Standboxen zu verzichten, findet interessante Alternativen, die in Sachen Klangqualität und Bedienkomfort zumindest mithalten können.

So spielen Mini- und Mikro-Hi-Fi-Anlagen in der Regel nicht nur CDs und Musik von USB-Speichern ab – viele können auch digitales und Internet-Radio empfangen. In Sachen Lautsprecher gilt zwar grundsätzlich: Je größer, desto besser. Doch auch viele kompakte Boxen überzeugen mittlerweile mit gutem Klang.

Gute Nachrichten für Filmfans: Auch Blu-Ray und DVD-Heimkinoanlagen sind in der Kompaktklasse erhältlich. Was den 5.1- oder 7.1-Surround-Klang betrifft, stellt vor allem der Subwoofer für die Bässe aufgrund seiner Größe eine gewisse Herausforderung dar. Doch auch hier gibt es mittlerweile Anlagen mit eher schlankem Subwoofer. Da zudem das menschliche Ohr die Quelle von tiefen Tönen sehr schlecht orten kann, lässt sich der Subwoofer an einer nahezu beliebigen Stelle im Raum platzieren. Das gibt Nutzern die Chance, ihn hinter dem Sofa oder in einer Nische zu verbergen.

Was die Beschallung betrifft, kommen für kleine Räume schlanke Standlautsprecher oder kompakte Satelliten in Frage. Wer sich das Verkabeln der Rücklautsprecher sparen will, wählt Modelle mit Funkverbindung. Design-Puristen ohne allzu hohe Ansprüche an die Klangqualität setzen ohnehin eher auf einen »Soundbar«, bei dem eine kompakte, frontal platzierte Lautsprecherleiste virtuellen Raumklang erzeugt.

Seitenblick: Zirkuswagen

Leben auf Rädern? Klingt nach Enge, Unordnung und Rastlosigkeit. Doch immer mehr Menschen wollen sich aufs Wesentliche beschränken und mobil sein. Für sie baut Alex Borghorst aus Göttingen seine »Wohlwagen« in vier Größen. Die hölzernen Unikate machen auch als Atelier, Ferienwohnung oder Büro eine gute Figur – und stecken voller platzsparender Ideen.

RÄUME OPTIMAL NUTZEN – 5 TOP-IDEEN:

1 **Vordach und Terrasse:** Die Terrasse erweitert den Innenbereich nicht nur optisch. Die Türflügel lassen sich um 180 Grad öffnen. Bei Regen und/oder Wind werden sie nur um 90 Grad geöffnet, an den Streben des Klappdachs befestigt und so gegen Zuknallen gesichert. Werden die Terrasse hoch- und das Vordach heruntergeklappt, bilden die beiden genau übereinander passenden Teile einen Schutz gegen Einbrecher.

2 **Beweglicher Erker:** Der je nach Wagenvariante 3 bis 3,50 Meter breite Erker vergrößert die Nutzfläche erheblich. Eingefahren wird er nur beim Transport des Wagens. Um Geländeunebenheiten auszugleichen, ruht der Erker auf höhenverstellbaren Stützrädern. In der Grundvariante (»Basic«) beherbergt er das Duschbad und eine Sofaecke, in der bei Käufern beliebtesten Version »L« zusätzlich einen Kleiderschrank.

3 **Wandschrank:** Aus Platzgründen ist der Schrank mit Schiebetüren ausgestattet. Er besitzt einen 55 Zentimeter tiefen Bereich speziell für auf Bügeln hängende Kleider sowie einen nur 35 Zentimeter tiefen Bereich für gefaltete Kleidung.

4 **Klappbett:** Das Kopfteil ist mit den beiden seitlichen Nachttischen verbunden und drehbar gelagert. So lässt sich das Bett leicht hochklappen. Um die Matratze ausreichend zu belüften, wurde ein Rattan-Rollo aus dem Baumarkt auf den Rahmen getackert und die Klammern hinter Holzleisten versteckt.

5 **Klappbarer Schreibtisch:** Seine Platte (1,27 × 0,75 Meter) wird im hochgeklappten Zustand zur Abdeckung eines Wandregals, genauer gesagt: Sie verschwindet exakt in dessen Rahmen. Das Regal ist 32 Zentimeter tief und besitzt damit »Ordnerbreite«. Heruntergeklappt bildet die Schreibtischplatte eine Ebene mit dem untersten Regalfach, was für mehr Platz sorgt.

TIPPS VOM EXPERTEN:

➨ Wer handwerklich begabt ist und etwa Einbauten aus Holz selbst vornimmt, sollte diese **präzise planen**. Berücksichtigen Sie dabei auch sämtliche Details. Darunter fallen etwa das nachträgliche Anbringen von Rollen und Griffen sowie das genaue Festlegen der Drehpunkte von Scharnieren.

➨ Alle Bauteile müssen **exakt gearbeitet** sein. Vermeiden Sie nach Möglichkeit »Industriefugen«. Glatt verschliffene Verbindungen lassen Möbel hochwertiger erscheinen. Lassen Sie etwa Holzleisten in Ecken nicht stumpf aufeinander stoßen, sondern sägen Sie sie sauber auf Gehrung.

➨ Nehmen Sie sich bei der Ausführung **ausreichend Zeit**. Die letzten 5 Prozent der Arbeit beanspruchen manchmal genau so viel Zeit wie die ersten 95. Lassen Sie eine Arbeit lieber eine Weile unfertig stehen als sie übers Knie zu brechen.

➨ Passen Sie die Oberfläche von Nadelhölzern mit einer **Lasur** den ansonsten im Raum verwendeten Farben an. So lässt sich auch das typische Nachdunkeln einschränken. Da die Holzmaserung durch die Lasur hindurchscheint, behält das Holz dennoch seinen Charakter. Ungeübte sollten das fachgerechte Lasieren zuvor an ein paar Probestücken üben.

➨ Achten Sie auf **hochwertige Produkte**, vor allem in Sachen Wasser- und UV-Schutz der Hölzer. Während ein hochwertiges Öl lediglich alle zwei bis drei Jahre erneuert werden muss, hält Leinölfirnis manchmal nur ein halbes Jahr durch.

Alex Borghorst ist gelernter Agraringenieur für tropische Gebiete. Ein alter Zirkuswagen diente ihm jahrelang als Gästezimmer. Begeisterte Besucher waren der Auslöser für »Wohlwagen«. Ab 37 000 Euro kann sich jeder »sein« Exemplar von ihm bauen lassen. www.wohlwagen.de

1

2

3

4

5

ANHANG

Zu guter Letzt noch zwei Orientierungshilfen: Wichtige Stichworte im Buch können Sie über das Register direkt ansteuern. Sollten Sie weitere Informationen zu den in Kapitel 4 abgebildeten Produkten wünschen: Hinweise zu Herstellern liefert Ihnen unser ausführliches und seitenweise sortiertes Verzeichnis der Bildquellen.

Register

A

B

C

D

E

F

G

H

I

J

K

L

M

N

O

P

R

S

Verzeichnis der Bildquellen

VORSPANN

- **S. 2/3:** Axel Raidt
- **S. 4:** Fotolia, tanydi; iStock, marimo_3d; Stiftung Warentest; heine.de
- **S. 5:** Car Möbel; Müller Möbelwerkstätten; Arco; Fotolia, musa_263
- **S. 6:** Ideal Standard; Fotolia, weblogiq; Car Möbel; heine.de; Leifheit
- **S. 7:** Gloster; Fotolia, Deymos.HR; Fotolia, amnachphoto; Fotolia, eyetronic; Wohlwagen

1

- **S. 12:** Fotolia, mawardibahar
- **S. 13,** links: Inter IKEA Systems B.V.; rechts: Royal Philips N. V.
- **S. 15:** Inter IKEA Systems B.V.
- **S. 16:** Inter IKEA Systems B.V.
- **S. 17:** Teba
- **S. 18,** links oben: iStock, ARSELA; links unten, **Schrank:** iStock, YangYin; **Stuhl:** Fotolia, just2shutter; **Hocker:** iStock, Firmafotografen; rechts oben, **Vasen:** Fotolia, Alena Ozerova; **Stuhl:** Fotolia, just2shutter; **Schubladen:** Fotolia, danyssphoto; rechts unten, **Masken:** Fotolia, Brad Pict; **Stuhl:** Fotolia, Christophe Fouquin; **Kissen:** iStock, karammiri
- **S. 19,** links oben, **Knotentafel:** Thinkstock, nata_rass; **Nautilus:** Fotolia, weblogiq; **Schiffsmodell:** iStock, marimo_3d; links unten, **Kacheln:** Fotolia, Bruno Bernier; **Leuchter:** Fotolia, Africa Studio; Schale: Fotolia, idrive; rechts oben, **Bett & Bild:** Fotolia, Petair; **Kanne:** Fotolia, Anna-Mari West; rechts unten, **Masken:** Fotolia, yaisirichai; **Buddha:** Fotolia, Karan Daswani; **Paravent:** iStock, Eerik; **Schrank:** iStock, mesmerizer
- **S. 20,** links oben, **Kissen:** iStock, carol07; **Sessel:** Fotolia, Reimer – Pixelvario; **Uhr:** Fotolia, GoldPix; links unten, **Textil:** Fotolia, junebreeze; **Möbel:** Fotolia, Friedberg; rechts oben, **Bett:** iStock, karammiri; **Maske:** Fotolia, Brad Pict; **Laterne:** Fotolia, MWiner; **Sugar Skull:** iStock, maogg
- **S. 21:** Car Möbel
- **S. 23, links,** oben: Inter IKEA Systems B.V.; mitte: Fotolia, Superingo; unten: iStock, Sisoje; **rechts,** oben: Velux; mitte: Inter IKEA Systems B.V.; unten: CasaNova
- **S. 24,** links: Axel Raidt; rechts: Fotolia, tanydi
- **S. 25:** Uwe Meilahn
- **S. 26,** links unten: Axel Raidt; rechts oben: Inter IKEA Systems B.V.; rechts unten: Velux
- **S. 27,** links oben: Pixabay; links unten: Fotolia, salzwiese; rechts unten: Fotolia, Denis Junker
- **S. 30:** Morten Strauch
- **S. 31,** 1, 4 und mitte links: 31plus/frauscher; 2 und 3: Polarshipyard; 5 und mitte rechts: KM Yachtbuilders; 6: Morten Strauch

2

- **S. 34:** Inter IKEA Systems B.V.
- **S. 35,** links oben: Fotolia, Studio Loewe; rechts oben: Axel Raidt; rechts unten: Fotolia, arsdigital
- **S. 36,** links oben: iStock, RodrigoBlanco; rechts oben: Fotolia, musa_263; rechts unten: Fotolia, jannoon028
- **S. 37:** Fotolia, Christian Hillebrand

- **S. 38:** iStock, bagi1998
- **S. 39:** Car Möbel
- **S. 40:** Stiftung Warentest
- **S. 41:** Fotolia, Christian Hillebrand
- **S. 42:** HARO Interieur
- **S. 44,** links: HARO Interieur; rechts: Inter IKEA Systems B.V.
- **S. 45:** Inter IKEA Systems B.V.
- **S. 47,** oben: Alpina; unten: iStock, petek arici
- **S. 48,** links: Fotolia, Kim Schneider; rechts: Thinkstock, IvonneW
- **S. 49,** links: Fotolia, paul prescott; unten: iStock, pattonmania
- **S. 51:** Impressionen.de
- **S. 52/53:** alle Hymer AG

3

- **S. 56:** Inter IKEA Systems B.V.
- **S. 57:** Car Möbel
- **S. 58:** Axel Raidt
- **S. 59:** Inter IKEA Systems B.V.
- **S. 60:** Uwe Meilahn
- **S. 61,** oben: Impressionen.de; unten: iStock, chirawan
- **S. 62:** Fotolia, marcuccimarco
- **S. 63:** Car Möbel
- **S. 64:** Axel Raidt
- **S. 65:** Fotolia, petert2
- **S. 66:** Axel Raidt
- **S. 67:** Uwe Meilahn
- **S. 69:** Car Möbel
- **S. 70,** links: Team 7; rechts oben: Team 7; rechts unten: Impressionen.de
- **S. 71,** links oben: Car Möbel; links unten: Ideal Standard; rechts oben: Inter IKEA Systems B.V.; rechts unten: iStock, Ljupco
- **S. 72:** privat
- **S. 73,** 1, 4, 5 und mitte: Christian Eigner/Entwurfsverfasser Holzer Kobler Architekturen GmbH; 2, 3 und 6: Eba51

4

- **S. 78,** 1: Müller Möbelwerkstätten, 2: Inter IKEA Systems B.V., 3: Ambivalenz, 4: Impressionen.de, 5: Inter IKEA Systems B.V., 6: Vitra über connox.de, 7: Arco
- **S. 79,** 1: PHOS., 2: heine.de, 3: gingar.de, 4: elfa.com, 5: Car Möbel, 6 und 7: Schönbuch
- **S. 80,** 1: Car Möbel, 2: Impressionen.de, 3: Müller Möbelwerkstätten, 4: Die Collection, 5 und 6: Müller Möbelwerkstätten
- **S. 81,** 1: heine.de, 2: gingar.de, 3: Car Möbel, 4: Inova, 5: heine.de
- **S. 82,** 1: Impressionen.de, 2: Car Möbel, 3: Impressionen.de, 4: Car Möbel, 5: Cycloc, 6 und 7: heine.de
- **S. 83,** 1: Impressionen.de, 2: waschbaer.de, 3: heine.de, 4: Impressionen.de, 5: waschbaer.de
- **S. 86,** 1: Inova, 2: Car Möbel, 3: octopus-versand.de, 4: Car Möbel, 5: BoConcept Germany GmbH, 6: Team 7
- **S. 87,** 1: Hülsta, 2: octopus-versand.de, 3: Team 7, 4: Ligne Roset, 5: BoConcept Germany GmbH
- **S. 88,** 1: Arco, 2: Car Möbel, 3: heine.de, 4: ProIdee, 5: Inter IKEA Systems B.V., 6: BoConcept Germany GmbH
- **S. 89,** 1: Ligne Roset, 2: Inter IKEA Systems B.V., 3: Ligne Roset, 4: Rolf Benz, 5: Walter Knoll
- **S. 90,** 1: Team 7, 2: Hülsta, 3: Die Collection, 4: Ligne Roset, 5: Team 7
- **S. 91,** 1: gingar.de, 2: Ambivalenz, 3: heine.de, 4 und 5: gingar.de
- **S. 94,** 1: Inter IKEA Systems B.V., 2: Impressionen.de, 3: DIY Element Systems GmbH, 4: Wenko, 5: Inter IKEA Systems B.V., 6: Team 7
- **S. 95,** 1: Leicht Küchen AG, 2: Wenko, 3: Inter IKEA Systems B.V., 4: Inova, 5: Car Möbel, 6: Team 7, 7: Car Möbel
- **S. 96,** 1: Team 7, 2: Inter IKEA Systems B.V., 3: Team 7, 4: Wenko, 5: Car Möbel, 6: DIY Element Systems GmbH, 7: waschbaer.de
- **S. 97,** 1: Kenwood, 2: Vogel's, 3: Moulinex, 4: Saeco, 5: Bosch

- **S. 98,** 1: Car Möbel, 2: Leicht Küchen AG, 3 und 4: Wenko
- **S. 99,** 1: Team 7, 2: Die Collection, 3: Car Möbel, 4: Parisot, 5 und 6: Inter IKEA Systems B.V.
- **S. 102,** 1: Kermi, 2: Bette, 3: Vola, 4: Duravit, 5: heine.de, 6: Ideal Standard, 7: PHOS.
- **S. 103,** 1 bis 4: Hoesch, 5: Bette
- **S. 104,** 1: Vitramo, 2: Tubes, 3: Fermi, 4: Römer Systems, 5: ProIdee, 6 und 7: heine.de
- **S. 105,** 1: DIY Element Systems GmbH, 2: Car Möbel, 3: granit.com, 4: ProIdee, 5 und 6: Inter IKEA Systems B.V., 7: Wenko
- **S. 106,** 1: Geberit, 2: ex.t, 3: Duravit, 4: gingar.de, 5: Car Möbel, 6: Inter IKEA Systems B.V., 7: Impressionen.de
- **S. 107,** 1: Ideal Standard, 2: Keramag, 3: Ideal Standard, 4: Inter IKEA Systems B.V., 5: Ideal Standard, 6: Duravit, 7: Ideal Standard
- **S. 110,** 1 bis 3: Car Möbel, 4: Inter IKEA Systems B.V., 5: Parisot, 6: Team 7
- **S. 111,** 1: Parisot, 2: Müller Möbelwerkstätten, 3: Inter IKEA Systems B.V., 4: String Furniture, 5 und 6: HABA
- **S. 112,** 1: Inter IKEA Systems B.V., 2: Magis über connox.de, 3: La Siesta, 4: FatSak, 5: heine.de
- **S. 113,** 1 und 2: Car Möbel, 3: elfa.com, 4: Car Möbel, 5: elfa.com, 6: Inter IKEA Systems B.V.
- **S. 114,** 1: Inter IKEA Systems B.V., 2 und 3: Car Möbel, 4: Inter IKEA Systems B.V., 5 und 6: Car Möbel
- **S. 115,** 1: waschbaer.de, 2: erfal, 3: Velux, 4: fridlin, 5: Inter IKEA Systems B.V., 6: ferm Living über connox.de
- **S. 118,** 1: gingar.de, 2: BoConcept Germany GmbH, 3: octopus-versand.de, 4: Car Möbel, 5: Müller Möbelwerkstätten, 6: gingar.de, 7: Opinion Ciatti über connox.de, 8: Müller Möbelwerkstätten
- **S. 119,** 1: Impressionen.de, 2: Car Möbel, 3: Walter Knoll, 4: octopus-versand.de, 5: Müller Möbelwerkstätten, 6: Design House Stockholm, 7: Arco
- **S. 120,** 1: String Furniture, 2: DIY Element Systems GmbH, 3 und 4: Car Möbel, 5: Inter IKEA Systems B.V.
- **S. 121,** 1: Die Collection, 2: Müller Möbelwerkstätten, 3: Team 7, 4 und 5: Hülsta, 6: rephorm, 7: Inova
- **S. 122,** 1: Bluesound, 2: Samsung, 3 und 4: Philips, 5: Nextboard, 6: Panasonic
- **S. 123,** 1: Car Möbel, 2: Moormann, 3: rephorm, 4 und 5: Müller Möbelwerkstätten
- **S. 126,** 1: gingar.de, 2: Inter IKEA Systems B.V., 3: Die Collection, 4: Arco, 5: String Furniture, 6: Car Möbel
- **S. 127,** 1: Hülsta, 2: elfa.com, 3: heine.de, 4 und 5: Inova, 6: gingar.de
- **S. 128,** 1: Hülsta, 2: Inter IKEA Systems B.V., 3: Velux, 4: DIY Element Systems GmbH, 5 und 6: Inova, 7: Velux
- **S. 129,** 1: Inter IKEA Systems B.V., 2: Hülsta, 3: Parisot, 4: Inter IKEA Systems B.V., 5: Parisot, 6: heine.de
- **S. 130,** 1: Inter IKEA Systems B.V., 2: rephorm, 3: Hülsta, 4: Inter IKEA Systems B.V., 5: Car Möbel, 6: Hülsta, 7: gingar.de
- **S. 131,** 1: Nemo Lighting, 2: sompex.de, 3: Tobias Grau, 4: Die Collection, 5: Impressionen.de, 6: Die Collection, 7: Impressionen.de
- **S. 134,** 1: Inova, 2: Teba, 3: gingar.de, 4: Moormann, 5: Team 7, 6: Car Möbel
- **S. 135,** 1: Car Möbel, 2: Christopeit, 3: Rolf Benz, 4 und 5: Müller Möbelwerkstätten
- **S. 136,** 1: Team 7, 2: Müller Möbelwerkstätten, 3: Ligne Roset, 4: Hülsta, 5: Thonet, 6: Die Collection
- **S. 137,** 1: Ligne Roset, 2: Design House Stockholm, 3: Team 7, 4: gingar.de, 5: Inter IKEA Systems B.V., 6: Car Möbel
- **S. 138,** 1: Cycloc, 2: elfa.com, 3: Parisot, 4: Inter IKEA Systems B.V., 5: Moormann, 6: Umbra über connox.de, 7: Ligne Roset
- **S. 139,** 1: Nemo Lighting, 2 und 3: Tobias Grau, 4: Moormann, 5: Tobias Grau, 6: Nemo Lighting, 7: Design House Stockholm
- **S. 142,** 1: waschbaer.de, 2: elfa.com, 3 und 4: heine.de, 5: Leifheit, 6: Hay, 7: DIY Element Systems GmbH
- **S. 143,** 1: Wenko, 2: Leifheit, 3: connox.de, 4: waschbaer.de, 5: Car Möbel, 6: heine.de, 7: Inter IKEA Systems B.V.
- **S. 144,** 1: String Furniture, 2: DIY Element Systems GmbH, 3: Inova, 4: Inter IKEA Systems B.V., 5: DIY Element Systems GmbH, 6: Hünersdorff
- **S. 145,** 1: Küpper, 2: heine.de, 3: Inova, 4: Inter IKEA Systems B.V.
- **S. 146,** 1: elfa.com, 2: Inova, 3: heine.de, 4 und 5: Inter IKEA Systems B.V.
- **S. 147,** 1: Gardena, 2: Cycloc, 3: Küpper, 4: DIY Element Systems GmbH, 5: Inter IKEA Systems B.V., 6: elfa.com
- **S. 150,** 1: Fermob, 2: christianlessing.de, 3: connox.de,

4: Fermob, 5 und 6: Gloster, 7: Fermob

- **S. 151,** 1: ProIdee, 2: rephorm, 3: Weishäupl, 4 und 5: rephorm
- **S. 152,** 1: rephorm, 2: Inter IKEA Systems B.V., 3: gingar.de, 4: Car Möbel, 5: Design House Stockholm, 6: Inter IKEA Systems B.V., 7: Videx
- **S. 153,** 1: Weishäupl, 2: Gloster, 3: Leifheit, 4: heine.de, 5: Landmann
- **S. 154,** 1: Peddy Shield, 2: Videx, 3: Peddy Shield, 4: Weishäupl, 5: Peddy Shield, 6: Unopiù
- **S. 155,** 1: Inter IKEA Systems B.V., 2: Peddy Shield, 3: heine.de, 4: Weishäupl, 5 und 6: Videx

5

- **S. 158:** Fotolia, britta60
- **S. 160,** oben: Fotolia, Visions-AD; unten: Fotolia, Gina Sanders
- **S. 161:** Fotolia, Deymos.HR
- **S. 162:** Fotolia, science photo
- **S. 163:** elfa
- **S. 164,** links: Fotolia, Dan Race; rechts: Fotolia, eyetronic
- **S. 165,** links oben: Fotolia, M. Schuppich; links unten: Fotolia, Siegi; rechts oben: Fotolia, Artistan; rechts unten: Fotolia, GoldPix
- **S. 166:** Thinkstock, JSantti
- **S. 167,** links: Fotolia, Gunnar Assmy; rechts: Fotolia, lrwilk
- **S. 169, links:** oben: Fotolia, donatas1205; mitte: Fotolia, picsfive; unten: Fotolia, amnachphoto; **rechts:** oben: iStock, Allkindza; unten: Fotolia, zdshooter
- **S. 170:** Axel Raidt
- **S. 171:** Axel Raidt
- **S. 172:** Fotolia, Spectral-Design
- **S. 173,** oben: iStock, km406; unten: Fotolia, Bombaert Patrick
- **S. 174/175:** alle Wohlwagen

Danksagung

Wir danken jenen Personen, Unternehmen und Organisationen, die uns ihr Material zur Verfügung gestellt haben, für die großzügige und freundliche Unterstützung bei der Bebilderung dieses Buches.

Raum für Ihre Ideen:

Stiftung Warentest
Lützowplatz 11–13
10785 Berlin
Telefon 0 30/26 31–0
Fax 0 30/26 31–25 25
www.test.de
email@stiftung-warentest.de

USt.-ID-Nr.: DE 1367 25570

Vorstand: Hubertus Primus
Weitere Mitglieder der Geschäftsleitung:
Dr. Holger Brackemann, Daniel Gläser

Programmleitung: Niclas Dewitz

Autor: Christian Eigner
Projektleitung/Lektorat: Uwe Meilahn
Fachliche Unterstützung: Michael Hilgers, Berlin (Architekt und Produktgestalter)
Gestaltung, Art Direction, Layout: Axel Raidt, Berlin
Illustrationen: Nina Mascher (Zeichnungen), Axel Raidt (Composing und Cover)
Raumdarstellungen: Konzept: Christian Eigner; Raum- und Möbellösungen, 3D-Umsetzung: Michael Hilgers; Zeichnungen: Nina Mascher; Composing: Axel Raidt
Bildredaktion: Christian Eigner (Kapitel 4), Axel Raidt
Bildnachweis: siehe Seiten 186 ff.

Produktion: Vera Göring
Verlagsherstellung: Rita Brosius (Ltg.), Susanne Beeh
Litho: tiff.any, Berlin / Axel Raidt
Druck: Offizin Andersen Nexö Leipzig GmbH, Zwenkau

ISBN: 978-3-86851-414-8